사람을 살리고,
　공동체를 일으키는
　　생명의 언어

김경림 지음

대경북스

선한 양들의 언어

1판 1쇄 인쇄 2025년 8월 6일
1판 1쇄 발행 2025년 8월 12일

지은이 김경림
발행인 김영대
펴낸 곳 대경북스
등록번호 제 1—1003호
주소 서울시 강동구 천중로42길 45(길동 379—15) 2F
전화 (02) 485—1988, 485—2586~87
팩스 (02) 485—1488
쇼핑몰 https://smartstore.naver.com/dkbooksmall
e—mail dkbookss@naver.com

ISBN 979-11-7168-108-2 03230

※ 이 책은 저작권법에 따라 보호받는 저작물이므로 무단전재와 무단복제를 금지하며, 이 책 내용의 전부 또는 일부를 이용하려면 반드시 저작권자와 대경북스의 서면 동의를 받아야 합니다.

추천의 글

아름다운 회복과 축복의 경험

김 은 섭
(대덕한빛교회 담임목사)

문자가 왔다.
'목사님, 3년 만에 책을 마쳤네요.'
반가운 마음에 통화를 하니 추천서를 써달란다.
그리고 카톡 문자가 왔다.
'은사님, 추천서 공유해 드려요.'

헐! 은사님?
이렇게 나를 부르는 사람은 난 한 사람밖에 없다.
신학의 길에서 1년 남짓 선생과 학생으로 만나

함께 그 길을 걸었을 뿐인데….
그것이 그렇게 고마웠을까?
10여 년이 지났는데도 여전히 은사라고 한다.
참 민망하다.
앞으로는 그저 목사라고 불러달랬다.

보내온 책을 읽었다.
이럴 수가?
기대를 훌쩍 넘어선다.
어쩜 이렇게 마음에 와닿게 썼을까?
설교 준비를 하다 멈추고, 단숨에 읽어 내려갔다.
아하, 그렇지. 아, 그렇구나. 아멘, 할렐루야!
경탄과 배움이 밀려온다.

그런데 이런 깨달음이 어디서 왔을까?
마음에 가득한 것을 입으로 말함이라.
아! 그리스도에 대한 사랑으로 가득 차 있어서구나!
그것이 눈짓으로, 입짓으로, 몸짓으로 흘러넘쳤구나!

폐지를 줍는 어르신들에게도,
상처 입은 가정의 청소년들에게도,
깨어진 부부의 관계에서도,
보이지 않는 담으로 가로막힌 부모와 자녀에게서도….

같이 읽어 봅시다.
아름다운 회복과 축복의 경험을 공유할 수 있습니다.
덩달아 내 안에서 변화가 일어남을 알아차리게 됩니다.
그리고 공동체에서 성령의 임재하심을 느낍니다.
그리스도 완전 충만 일체 은혜 감사!

추천의 글

사람을 세우고 살리는 생명의 언어

박 상 복
(동탄 풍성한교회 담임목사,
동탄기독교연합회장)

이 책의 저자인 김경림 목사는 저와 함께 사람을 세우고 살리는 은혜와 생명의 설교 말씀을 연구하고 나누는 공동체 멤버입니다.

저자는 매주 사람을 세우고 살리는 생명의 말씀을 전함으로써 많은 사람을 세우고 살리고 있습니다. 무엇보다 사람을 세우고 살리는 '선한 양들의 언어'를 본인이 실제적으로 체득하여, 주저앉아 있는 사람들을 일으켜 세우고, 무너지고 피괴된 공동체를 일으켜 세우고 살리고 있습니다.

첫째, 부정적이고 비판적이고 율법적인 말과 언어로 인

하여 깨어진 관계를 다시 회복시키고 있습니다.

둘째, 깨어진 부모와 자녀의 관계를 회복시키고 있고, 깨어진 부부 관계를 회복시키고, 깨어진 형제와 자매 관계를 회복시키고 있습니다.

셋째, '선한 양들의 언어'로 처참하게 무너지고 있는 가정들을 회복시켜 행복한 가정으로 다시 세우고 있습니다.

넷째, '선한 양들의 언어'로 깨어지고 무너진 학교 공동체와 교실 공동체를 다시 회복시키는 가교 역할을 하고 있습니다.

다섯째, 냉랭하고 무정한 교사와 학생과의 관계를 사랑과 생명의 관계로 회복시키고 있습니다.

이처럼 이 책은 이와 같이 사람을 세우고 살리는 사례들, 깨어진 관계와 공동체를 세우는 감동적이고 가슴을 먹먹하게 하는 실제 사례들로 가득 차 있습니다.

또한 이 책에서는 삶의 현장에서 구체적으로 사용할 수 있는 생동감 있는 '선한 양들의 언어'의 적용 방법을 다양하게 소개하고 있습니다.

어떤 분이라도 이 책을 읽고서 이 책에 있는 주옥같은 생명의 말과 언어를 체득하여 삶의 현장에서 실천한다면 이 책에 나온 사례들처럼 기적같은 일이 일어날 것입니다.

무엇보다 앞서 선한 양들의 언어를 사용하는 자신이 생명과 행복으로 가득 찬 삶을 살게 될 것입니다. 더하여 깨어진 관계를 다시 회복시키고 사랑과 행복으로 가득차게 만들 것입니다. 무너진 공동체를 살리는 귀한 삶을 살아가게 될 것입니다.

마지막으로 이 책을 읽는 독자 한 분 한 분이 이 책에 소개된 '선한 양들의 언어'를 익히고 실천하여 이 책에 나와 있는 감동적이고 가슴 설레는 사례들의 주인공이 되기를 간절히 소원합니다.

추천의 글

가정과 교회, 세상을 변화시킬 황금 같은 책

홍 재 우
(포천새소망교회 담임목사)

　이 책은 제가 20년 넘게 지켜본 김경림 목사님의 인품과 삶을 닮은, 참으로 따뜻한 글 모음입니다. 단순한 이론서가 아니라, 삶의 현장에서 길어 올린 체험의 글이기에 더욱 진솔하고 생동감이 넘칩니다. 읽는 동안 사랑과 감사, 환한 미소와 깊은 감동이 고스란히 전해져 어느새 웃음이 피어나고 감동의 눈물이 흐르게 됩니다.
　《선한 양들의 언어》는 독자의 마음을 깊이 움직이는 책입니다. 저 역시 이 책을 읽는 동안 '나도 변할 수 있겠구나' 하는 용기를 얻었으며, '나도 선한 양들의 언어를 훈련하여 선한 영향력을 끼치고 싶다'는 강렬한 소망이 일었습니다. 이 책의 진솔한 간증과 현장감 있는 사례들은 단순한 지식이 아닌, 눈물과 기도로 체득된 생명의 언어 훈련 그 자체입니다.

마치 맛있는 음식점이나 좋은 병원을 가족과 친구에게 적극 소개하듯, 저는 이 귀한 책을 제 가족과 교우들에게 꼭 소개하고 싶습니다. 눈으로 읽고, 가슴으로 새기며, 삶 속에서 실천한다면 분명 이전과는 비교할 수 없는 복되고 행복한 삶이 열릴 것입니다.

이 한 권의 책이 독자 한 사람의 마음을 바꾸고, 그 마음이 가정과 교회, 그리고 세상을 따뜻하게 변화시켜 가는 출발점이 되리라 확신합니다. 이 책이 한국교회 곳곳에 스며들어 목회자, 그리고 교우들의 가정이 생명의 언어 안에서 더욱 돈독해지고 기쁨이 넘치기를 간절히 소망합니다. 그리하여 믿지 않는 사람들이 교인들의 변화된 언어를 통해 교회에 발걸음을 옮기고 싶어 하는 역사가 일어나기를 기대합니다. 《선한 양들의 언어》는 정말 황금 같은 책입니다.

추천의 글

어른들의 선한 말을 해야 할 책임

고 정 욱
(동화작가)

어릴 적부터 저는 말의 힘을 믿었습니다. 동화는 단순한 이야기가 아니라, 언어를 통해 마음을 움직이는 힘이 있다고 생각해왔습니다. 《선한 양들의 언어》는 그 믿음을 다시 확인하게 해준 귀한 책입니다. 이 책은 언어가 사람을 어떻게 살리고, 공동체를 어떻게 회복시키는지를 구체적이고도 깊이 있게 보여줍니다. 동화작가로서 저는 늘 아이들의 마음에 씨앗을 심는 글을 쓰고자 했는데, 이 책을 읽으며 언어가 그 씨앗이라는 사실을 다시금 깨달았습니다.

김경림 목사님은 단순한 언어 사용을 넘어서 '선한 존재로서의 언어'를 말합니다. 그것은 단어의 선택을 넘어, 태도와 삶의 방식이 반영된 말의 윤리입니다. 그래서 이 책은 언어에 대한 철학이자 신앙이자 실천이기도 합니다. '선한 말'이 왜 중요한지, 그것이 어떤 변화를 만들어내는지를 삶의 다양한 장면을 통해 생생하게 전합니다. 저는 동화를 쓰는 사람으로서 '어떤 언어를 아이들에게 남길 것인가?'에 대해 늘 고민합니다.

이 책을 읽으며, 우리 아이들에게 들려주어야 할 말이 무엇인지, 어른들이 먼저 깨달아야 할 책임이 무엇인지 되새기게 되었습니다. 책 속에 등장하는 '선한 양들'은 유약함의 상징이 아니라, 사랑과 회복의 힘을 가진 존재로 묘사됩니다. 그것은 동화 속 주인공들과도 닮았습니다. 작고 연약하지만 끝내 세상을 바꾸는 존재들. 그런 존재들의 언어가 세상을 바꾸는 언어라는 점에서, 이 책은 동화적 상상력과 아주 깊이 닿아 있습니다.

작가로서 저는 말이 무기가 되어서는 안 된다고 믿습니

다. 때로는 글이 칼처럼 사람을 베고, 말 한마디가 아이의 마음을 꺾기도 합니다. 그런 시대에 이 책은 '**언어의 전환**'을 제안합니다. **날카로운 말이 아닌 따뜻한 말, 정죄하는 언어가 아닌 용서하는 언어, 단절의 말이 아닌 이어주는 말을** 쓰라고 말합니다. 그것이야말로 진정한 창조적 언어이며, 진짜 교육이며, 올바른 작가정신입니다.

《선한 양들의 언어》는 설교집이 아닙니다. 오히려 시처럼, 동화처럼, 한 편의 잔잔한 이야기처럼 다가옵니다. 그러나 그 안에는 말과 인간, 말과 사회, 말과 신앙에 대한 깊은 성찰이 담겨 있습니다. 저는 이 책을 읽고 난 뒤, 제 글의 문장 하나하나를 돌아보게 되었습니다. 내가 쓰는 이 문장이 누군가를 살릴 수 있을까? 나의 말은 선한 양들의 언어일까?

작가에게 글은 곧 삶입니다. 말을 통해 세상을 보는 방식이 드러나고, 사람을 대하는 태도가 고스란히 묻어납니다. 그런 섬에서 이 책은 작가가 꼭 읽어야 할 책입니다. 단지 언어의 기능이나 말솜씨를 넘어, 언어의 본질과 목적을 묻는 책이기 때문입니다. '말 한마디에 천 냥 빚을 갚는다'는 속담을 다시 생각하게 됩니다. 이제는 말 한마디가 공동체의 빚도 갚고, 생명의 끈도 이어줄 수 있어야 합니다.

이 책을 통해 저는 더 선한 글, 더 따뜻한 문장, 더 살아 있는 말로 아이들에게 다가가고 싶어졌습니다. 동화작가의 언어는 결국 진심의 언어여야 하니까요. 《선한 양들의 언어》는 그 진심이 어떤 언어로 표현되어야 하는지를 친절하게, 그러나 깊이 있게 알려줍니다. 동화작가로서, 부모로서, 교육자로서, 사람을 사랑하고 싶은 이들에게 이 책을 진심으로 추천합니다.

추천의 글

잃어버린 에덴의 언어, 나의 삶에서 기적이 되다

김 윤 주
(용인 M초등 교사, 집사)

기적은 성경에만 있는 줄 알았습니다. 하지만 이제 저는 단언합니다. 기적은 바로 지금, 이 순간, 내 삶에도, 그리고 이 책을 읽는 모든 분의 삶에도 일어날 수 있습니다.

저는 처음에는 믿지 못했습니다.
"말 하나 바꾼다고 정말 이 상황이 달라질까요? 너무 답답해요, 목사님…."
지친 목소리로 물을 때마나, 목사님은 한결같은 어조로 말씀하셨습니다.

"그럼요! 말만 바꾸어도 달라질 거예요."

솔직히 말해, 그때의 저는 의심이 가득했습니다.

'말 한마디로 인생이 바뀔까?'

마음 한편에는 회의와 두려움이 떠나지 않았습니다.

그러던 어느 날, 세상과 단절된 듯한 한 청년이 교회를 찾아왔습니다. 항상 화난 표정, 말을 더듬으며 거친 말로 자신을 숨기던 그에게 병원 치료도, 약물도, 그 어떤 말도 소용이 없었습니다. 말도 통하지 않았습니다.

하지만 목사님은 포기하지 않고 다가가셨습니다. 청년은 처음에는 여전히 거칠었지만, 목사님의 따뜻한 격려와 끊임없는 응원 속에서 변화의 기적이 시작됐습니다.

그리고 마침내 — 이제 그는 더 이상 더듬거리지 않고, 또렷한 목소리로 환하게 웃으며 말합니다.

"목사님, 감사합니다. 정말 사랑해요."

저는 그 진심 어린 한마디에서 기적을 보았습니다. 그러나 그 놀라운 기적 앞에서도 '정말 기적일까? 그냥 우연이겠지….' 하는 의심을 완전히 버리지는 못했습니다. 그런데 그 **'우연'**은 제 삶에도 찾아왔습니다.

교회에서 **'생명의 언어'**를 배우고 실천하자, 저희 부부 사이에도 놀라운 변화가 일어났습니다. 굳게 닫혔던 마음의 문이 열리고, 서로를 가로 막던 벽이 허물어졌습니다. 서로의 진심을 마주하는 순간, 이 모든 것이 진짜 기적임을 인정하지 않을 수 없었습니다.

그제야 깨달았습니다. 성경 속 기적이 먼 옛날의 이야기가 아니라, '지금 여기, 내 삶' 속에 일어나는 현실임을. 삶의 변화를 가로막고 있던 것은 환경이 아니라 바로 내 안의 의심과 두려움이었습니다. 그 깊은 깨달음을 누군가와 나누고 싶었던 그때, 목사님은 《선한 양들의 언어》라는 생명의 책을 세상에 내놓으셨습니다.

이 책은 단순히 '말의 힘'을 이야기하는 데 그치지 않습니다. 태초에 하나님께서 말씀으로 세상을 창조하셨듯, 목사님은 그 창조의 언어, '생명의 언어'가 지친 영혼을 어떻게 일으키고, 가정을 어떻게 회복시키는지 놀랍고도 감동적으로 증언합니다.

마지막 희망을 붙삽는 부부에게, 상처와 단절로 고통받는 가족에게, 새로운 인생을 꿈꾸는 이에게, 그리고 오늘,

다시 사랑을 배우고 싶은 모든 이에게 이 책은 잊지 못할 울림과 삶을 다시 세우는 따뜻한 길잡이가 될 것입니다.

그리고 저는 담대히 말합니다. '선한 양들의 언어'를 따라 읽어가다 보면 누구나 자신의 삶에서 기적을 경험하게 됩니다. 의심과 두려움은 어느새 조용히 물러가고, 하나님이 손 내미는 사랑이 여러분의 삶에도 깊이 닿게 될 것입니다.

이제, 이 기적이 더 이상 '남의 이야기'가 아닙니다. 이제 여러분의 차례입니다. 부뚜막에 소금도 넣어야 맛이 나듯, 여러분의 삶에도 '선한 양들의 언어'를 담아보십시오. **그 순간, 누구든 여러분만의 기적이 시작될 수 있습니다.** 그러기에 이 책을 적극 추천합니다.

추천의 글

관계의 회복, 말의 기적: 《선한 양들의 언어》를 추천하며

박 인 숙
(경기도교육청 초·중·고 화해 중재위원)

사랑하는 이웃 여러분,
혹시 한마디 말로 인해 깊은 상처를 안고 계신가요?

경기도교육청 초·중·고 화해 중재위원으로 활동하면서, 저는 매일 말의 놀라운 힘을 직접 체감하고 있습니다. 갈등의 최전선에서 마주하는 아이들과 부모님들을 통해, 말이 관계를 무너뜨릴 수도 있지만, 동시에 죽어가던 관계를 살리는 소중한 도구가 될 수 있음을 깊이 깨달았습니다.
특히, 비난의 말이 마음에 깊은 상처를 남기고 관계를 끊

는 반면, 진심 어린 공감의 한마디가 얼어붙은 마음을 녹이고 관계 회복의 물꼬를 트는 기적을 수없이 목격했습니다. 이러한 거친 언어의 소용돌이 한가운데에서, 저에게 등대처럼 명확한 길을 제시해 준 책이 있습니다. 바로 김경림 목사님의 《선한 양들의 언어》입니다.

이 책은 생명의 언어로 닫힌 마음의 문을 여는 은혜로운 열쇠이자, 진정한 화해를 위한 깊은 통찰을 담고 있습니다.

김경림 목사님이 인도하시는 '행가꽃(행복한 가정으로 꽃피우다)' 공동체 안에서 저는 '생명의 언어'인 '선한 양들의 언어'를 먼저 배우고 실천해 왔습니다. 아이들과의 갈등 현장에서 하루 한 문장씩 써 내려간 생명의 언어는, 제 내면의 상처를 먼저 치유하는 놀라운 회복의 통로가 되었습니다. 이 과정을 통해 진정한 중재는 단순히 옳고 그름을 가리는 것이 아니라, 상처받은 마음을 언어로 보듬고 관계를 재건하는 것임을 깊이 깨달았습니다.

《선한 양들의 언어》는 "좋은 말을 하자"는 피상적인 조언을 넘어서, 하나님의 마음을 담은 말을 일상에서 어떻게 섬세하게 실천할 수 있는지 구체적으로 안내합니다. 회복적 대화 모임에서 학생들과 학부모들이 서로의 이야기에 귀 기울이며, 이 책이 제시하는 '생명의 언어'로 천천히 마음의 장벽을 무너뜨리고 깊은 신뢰를 회복해 가던 순간들이 지금도 생생하게 기억납니다. 이는 진정 언어가 관계를 변화시키는 살아있는 증거였습니다.

이 귀한 책은 말로 인해 멀어진 가족, 친구, 동료와의 관계를 다시 잇는 은혜로운 다리가 될 것입니다. 여러분의 한 마디가 누군가에게는 회복의 시작이자 생명의 문이 될 수 있다는 것을 믿어 주시길 바랍니다.

진심을 담아 이 책을 추천합니다.
말이 곧 기적이 되는 순간, 그 치유와 회복의 여정을, 《선한 양들의 언어》와 함께 경험하시기를 바랍니다.

프/롤/로/그

말 한마디가 생명을 살린다

말의 힘: 행복을 위한 선한 양들의 언어

"아이고, 참 보기 좋네.
이 집은 어쩌면 이렇게 웃음꽃이 끊이질 않을까?"

식사 중인 우리 가족을 바라보며
동네 아주머니가 남기신 한마디였다.
그 말은 내 어린 시절, 가슴 깊이 새겨진 축복이다.
우리 집 밥상은 소박한 시골 밥상이었지만,

값비싼 반찬보다 더 귀한 따뜻한 칭찬과
격려의 말이 늘 차려져 있었다.

"우리 막내딸은 반드시 크게 될 거야."
"하나님이 우리 딸에게 복 안 주시면, 누구한테 주시겠니?"

부모님의 그 말씀은 거센 세상 속에서도
나를 무너지지 않게 지켜준 방패였다.
우리 집 식탁에는 언제나
두려움을 이기는 믿음,
흔들림을 막는 용기,
그리고 사람을 살리는 따뜻한 말이 놓여 있었다.
넘어질 때마다 나를 다시 일으킨 것도
그 식탁 위 '한마디'였다.
그 말들이 오늘의 나를 만들어낸다.

어릴 적, 내 신앙의 첫 안식처는 고향에 있는 웅포교회다.
그곳에는 믿음의 선소들이 순교의 피로 세운
성스러운 예배당이 자리잡고 있다.

교회 아래로는 금강물이 모든 것을 고요히 품고 흐르듯,
시간의 켜켜이 쌓인 삶과 죽음,
기쁨과 슬픔의 사연마저 조용히 품어 안고 흐르고 있다.
내 어릴 적, 김동수 전도사님은
예수님처럼 언제나 낮은 자리에서 성도들을 섬기셨다.
연로하시고 몸이 불편한 어르신 한 분 한 분 댁으로 찾아가
조용히 기도해 주셨고,
가난한 이웃에게는 말없이 필요한 것을 건네주셨다.
그분은 일상 자체가 말이 아닌, '생명의 말씀' 그 자체였다.
하나님의 자녀들인 양들의 생명을 존귀하게 여기는
예수님을 닮은, 진정한 목자이셨다.
나는 그분의 뒷모습을 기억하며 자랐고,
그 따뜻한 흔적이 내 신앙의 길을 밝혀주었다.

어느 순간, 내 마음 깊은 곳에서 이런 소망이 피어났다.
"나도 어려운 사람들을 돕는 사람이 되고 싶다."
그 마음은 나를 유치원 교사를 거쳐 목회의 길로 인도했다.
내가 이 길을 선택한 이유는
바로 롤모델이 되었던 전도사님의 삶에 있다.

그 삶을 가슴에 품고 기도할 때,
하나님은 내게 '선한 양들의 언어'를 전하라는
사명을 주셨다.

왜 하필 지금 선한 양들의 언어에 주목해야 하는가?

대한민국의 현실을 보자.
'2024 세계행복보고서(UN SDSN)'에 따르면
경제력은 세계적 수준에 달했지만,
우리 사회의 행복지수는 조사 대상 143개국 중 52위로,
OECD 국가 중 여전히 최하위권을 맴돌고 있다.
여기에 OECD 국가 중 최고 수준의 이혼율(통계청, 2023)과
청소년 사망 원인 1위인 자살(보건복지부, 2022)은
우리 사회의 깊은 상처를 여실히 드러낸다.
무너진 가정의 폐허, 상처 입어 곪아버린 영혼들…
그들은 지금, 절박하게 회복의 언어를 갈망하고 있다.

나는 복회 현장에서 이 설규하는 현실과
매일같이 마주했다.

그리고 곧장 하나님께 물었다.
"주님, 제가 할 수 있는 일이 무엇입니까?"
그때 하나님께서는 내 마음속에 깊이
새겨진 소명과 뚜렷한 이정표를 새기듯 응답하셨다.
"내가 너에게 '생명의 언어'를 부여했으니,
이제 그 언어를 이 시대를 위해 사용하라."
바로 그 응답이 이 책의 시작이다.

이 책은 단순한 말하기 기술서가 아니다.
사람을 살리고, 가정을 일으키며,
공동체에 생명을 불어넣는 회복의 길잡이다.

가정은 이미 피어난 꽃밭이 아니라,
꽃을 피워내야 할 밭이다.
그리고 그 시작은
따뜻한 한마디, 생명의 언어인
선한 양들의 언어에서 시작되는 것이다.
행복은 진심 어린 말에서 피어난다.

하나님은 **"생육하고 번성하라"**(창 1:28)는
말씀으로 세상을 창조하셨다.
그 창조의 언어는 지금도 살아 움직이며,
우리의 입술을 통해 역사한다.
당신의 한마디가 새로운 시작이 될 수 있다.
그 말이 가정을 살리고, 아이를 일으키며,
공동체를 꽃피울 것이다.

                2025년 8월

                              김경림

차 례

추천의 글 _ 아름다운 회복과 축복의 경험(김은섭) _ 3
추천의 글 _ 사람을 세우고 살리는 생명의 언어(박상복) _ 6
추천의 글 _ 가정과 교회, 세상을 변화시킬 황금 같은 책(홍재우) _ 9
추천의 글 _ 어른들의 선한 말을 해야 할 책임(고정욱) _ 11
추천의 글 _ 잃어버린 에덴의 언어, 나의 삶에서
　　　　　　기적이 되다(김윤주) _ 15
추천의 글 _ 관계의 회복, 말의 기적:《선한 양들의 언어》를
　　　　　　추천하며(박인숙) _ 19

프롤로그 _ 말 한마디가 생명을 살린다 _ 22

제1장 상처를 주는 언어, 희망을 주는 언어

하나님의 도구, 말로 시작된 사명 _ 37
상처 입은 언어와의 충돌 _ 39

실제 사례로 보는 언어의 상처 _ 41

  사례 1. 하루하루를 버텨내는 아내의 용기 _ 41

  사례 2. 말을 흉기처럼 사용한 나, 가족과의 이별 _ 45

  사례 3. 무너진 식탁, 메마른 관계의 새로운 시작 _ 48

  사례 4. 갈등 소용돌이 속 노모와 아들의 이야기 _ 51

선한 양들의 언어: 가정의 위기를 극복할 열쇠 _ 54

제2장 선한 양들의 언어란 무엇인가

말 한마디로 세상을 창조하신 하나님 _ 61

예수님은 '말씀' 그 자체이시다 _ 63

나는 누구를 닮았는가? 하나님의 DNA를 품은 존재 _ 64

선한 양들의 언어, 영적 DNA의 열매 _ 66

귀신을 물리친 성령의 임재: 어둠을 밀어내다 _ 68

생명을 걸고 지키는 진짜 목자의 언어 _ 63

거짓 목자의 위험한 언어 _ 71

선한 양, 어떤 언어로 살아가는가? _ 75

나는 지금 누구의 언어를 따르고 있는가 _ 77

징잔 릴레이, 가족을 일으키나 _ 79

절망을 뚫는 한마디, 앉은뱅이가 일어나다 _ 82

식탁에서 자라는 축복의 언어 _ 84

자존감을 세우는 축복의 말 _ 86

말 한마디가 남긴 상처, 그리고 회복의 언어 _ 88

말 한마디가 앗아간 청춘: '할머니'가 된 전도사 _ 90

경북 구미 여목사님과 아들 이야기 _ 93

기적을 일으키는 언어, 한마디의 능력 _ 97

　사례 1. 갯벌의 기적, 믿음의 한마디가 소를 살리다 _ 99

　사례 2. 한마디의 격려가 무너진 인생을 다시 일으켜 세운다 _ 102

복음의 통로가 되는 입술 _ 106

제3장 선한 양들의 언어 훈련

30일간의 선한 양들의 언어 실험 _ 115

눈으로 확인한 말의 힘 _ 118

공동체를 변화시키는 언어 문화 _ 120

선한 양들의 언어훈련 – 눈으로 말하라 _ 121

선한 양들의 언어훈련 – 입으로 말하라 _ 124

훈련은 끝났지만, 변화는 시작되었다 _ 126

가정에 스며든 선한 양들의 언어 _ 128

복음, 말로 살아나는 가정의 기적 이야기 _ 130

교실에 스며든 선한 양들의 언어 _ 132

사례 1. 억제보다 경청으로 길을 열다 _ 135

사례 2. 통제보다 방향 제시로 에너지를 품다 _ 136

사례 3. 수치보다 가능성을 강조하며 다시 일어서게 하다 _ 137

사례 4. 침묵보다 소통으로 마음의 문을 열다 _ 138

사례 5. 정지보다 파송으로 잠재력을 깨우다 _ 139

제4장 선한 양들의 감사학교

감사의 말, 공동체를 울리다 _ 148

식탁에서 피어난 감사의 언어 _ 149

감사의 말, 공동체를 바꾸는 힘 _ 150

영혼을 치유하는 '감사약'의 기적 _ 151

교회 안에 피어난 감사의 바람 _ 154

감사는 영혼을 일깨우고, 공동체를 소생시킨다 _ 156

제5장 감사학교 이후 일어난 기적

조○식 집사의 이야기: 말끝마다 욕이 붙었던 나를 살린 감사 _ 163

김○숙 집사의 이야기: 비난의 벽을 허물고 다시 아내가 되다 _ 165

고○준 청년과 어머니의 이야기: 파괴적인 말에서 회복의 말로 _ 167

○○누나의 이야기: 상처 주던 입술이 위로의 통로가 되다 _ 170

박○자 성도의 이야기: 누군가 건네준 한마디 생명의 말 _ 173

이○자 성도의 이야기: 무너진 가정을 다시 살리는 힘 _ 175

찬이의 이야기: 한마디 말이 한 아이를 살리다 _ 178

철이의 이야기: 무너진 마음에 생명을 입다 _ 183

지은 선생님의 이야기: 절망 속에서 진짜 교사의 길을 찾다 _ 187

제6장 섬김의 언어로 피어난 희망:
가장 낮은 곳에서 만나는 진짜 축복

절망의 한가운데서 피어난 소망: 현 대덕한빛교회 담임
  김은섭 목사님의 섬김 _ 195

독일 개신교 마리아회 수녀님들: 선한 양들의 언어로
  빚어진 평화의 정원 _ 198

칭찬 한마디가 만든 기적: 스피커폰으로 전해진
  30년의 결실 _ 201

선한 양들의 섬김: 낮은 곳에서 피어나는 진짜 축복 _ 205

제7장 도지사 표창 너머의 상: 생명을 살린 언어의 기적

선한 양들의 언어가 준 경기도지사 표창 _ 213

경청, 그 한마디로 피어난 회복의 이야기 _ 215

두 팔 하트, 그날의 기적 _ 218

선한 양들의 언어, 딸들과의 관계를 회복시키다 _ 222

상보다 귀한 순간들: 생명의 언어로 되살아난 삶 _ 228

제8장 행·가·꽃

'행·가·꽃'의 탄생: 외로운 싸움에서 함께하는 사명으로 _ 236

행·가·꽃으로 피어난 감사의 언어 1 _ 240

선한 양들의 언어로 다툼의 불씨들을 끄다(70대 신○○ 형제의 사례)

행·가·꽃으로 피어난 감사의 언어 2 _ 246

청심환 대신, '감사약'을(60대 박○숙 자매의 사례)

행·가·꽃으로 피어난 감사의 언어 3 _ 253

따뜻한 이불이 되어준 남편(40대 김○주 자매의 사례)

행·가·꽃으로 피어난 감사의 언어 4 _ 261

선한 양들의 언어로 되찾은 가정의 평화(40대 김○재 형제의 사례)

행·가·꽃으로 피어난 감사의 언어 5 _ 265

우리 아내가 달라졌어요(50대 재일교포 민○식 형제의 사례)

'행·가·꽃': 말로 피어나는 생명의 꽃길 _ 269

에필로그_에덴의 언어: 선한 양들의 언어로 피어나는
　새로운 사역의 길 _ 271

부록

선한 양들의 언어학교 12주 여정 _ 275

선한 양들의 감사학교 12주 워크북 _ 278

선한 양들의 언어 12주 훈련 과정 _ 285

오늘 실천할 생명의 언어 한마디 _ 286

선한 양들을 위한 매일 기도문 _ 287

아내의 하루 마중말 7일 실천 카드 _ 288

남편의 하루 마중말 7일 실천 카드 _ 289

자녀를 위한 30일 언어 실천표 _ 290

자녀 축복문 _ 293

제1장

상처를 주는 언어, 희망을 주는 언어

"거칠어진 말의 자리에서, 다시 꽃을 피우다."

뽕잎을 먹고 자라는 누에는 자기 입에서 나오는 실로 정교한 누에고치를 지어간다. 그리고 누에는 그 고치 안에서 고요히 기다리며 마침내 새로운 생명으로 태어난다.
― 위키백과, 브리태니커, 과학 교육 자료 ―

마치 누에가 스스로 짓는 누에고치 안에서 변화를 준비하듯, 우리 또한 우리 입에서 나오는 '말'로 우리의 삶과 관계를 엮어 나간다. 때로는 그 말이 사랑과 평안이 넘치는 아늑한 보금자리가 되어주기도 하지만, 때로는 무심코 던진 말들이 엉키고 굳어져 답답한 고치가 되기도 한다.

이 책은 바로 그 '말의 누에고치'가 어떻게 희망의 집이 될 수 있는지, 엉킨 실타래를 어떻게 풀어내고 새로운 관계로 나아갈 수 있는지를 이야기한다. 우리가 사용하는 언어를 통해 우리 자신과 가정, 그리고 공동체 안에 생명력 넘치는 변화와 성장을 선물할 수 있음을 발견하게 될 것이다. 이제, 이 희망의 여정을 함께 시작할 때이다.

하나님의 도구, 말로 시작된 사명

　가정은 말이 뿌리내리는 첫 땅이다. 사랑의 말 한마디는 닫힌 마음을 열고 눈물을 피어나게 한다. 반면, 무심한 말 한 줄은 깊은 상처를 남기고 관계를 단절시킨다. 이처럼 말은 가정을 세우는 건축가이자, 관계를 허무는 파괴자가 될 수 있다. 그 말이 생명력을 가질 때, 가정은 비로소 다시 꽃을 피울 수 있다.

　당신의 가정은 지금 어떤 말로 지어지고 있는가? 거친 말의 잔해 위에서도 과연 희망의 꽃은 피어날까? 그 대답은 분명 "예"이다. 선한 양들의 언어 한마디는 무너진 마음을 다시 일으켜 세우는 놀라운 힘을 지녔다. 부디 이 책이 당신의 가정에 작은 회복의 씨앗이 되기를 진심으로 바란다.

　개척의 길에서 하나님은 내게 특별한 도구를 주셨다. 모세에겐 지팡이, 다윗에겐 물맷돌, 그리고 내게는 말, 곧 선한 양들의 언어였다. '순복음생명의빛교회'라는 이름과 함께 나는 이 언어로 가정을 세우고, 공동체를 일구는 사명을 받았다. 그리고 하나님은 말씀하셨다.

"이 말로 영혼을 살려라."

상처 입은 언어와의 충돌

처음 마주한 것은 사람이 아니라 말이었다. 그 말은 곧 그들의 상처였다. 개척 초기, 하나님은 한 사람, 두 사람씩 성도들을 보내주셨다. 하지만 그들의 말은 거칠고 날카로웠으며, 매 말끝마다 삶의 고단함이 스며 있었다. 상처 깊은 그들의 말은 보이지 않는 벽을 세우듯 마음과 마음 사이를 가로막았다. 이는 단순한 말투의 문제가 아니다. 그것은 깊은 삶의 방식이자 관계의 거리이다.

나는 그날 "말 한마디가 얼마나 큰 힘을 가질 수 있는지, 그리고 말이 공동체를 무너뜨릴 수도 있다."는 것을 절감했다. 그날 이후, 내 삶의 사명은 근본적으로 달라졌다. 전통적인 목회의 틀을 벗어나, 상처 입은 말들을 생명력 넘치는 말로 치유하는 일. 그것이 비로 내가 감당해야 할 사명이었다. 나는 그들의 말에 귀를 기울이기 시작했다. 그들의 말 너머에 숨겨진 깊은 아픔과 고통스러운 절규를 듣기 위해서이다.

지금부터 펼쳐질 이야기들은, 한마디 말이 얼마나 큰 상처를 남기고, 때로는 평온해 보이던 가정을 조용히 무너뜨릴 수 있는지를 보여준다. 무심코 내뱉은 한마디, 혹은 차가운 침묵이 얼마나 깊고 치명적인 균열을 만드는지 — 우리는 그 쓰라린 현실과 마주하게 될 것이다.

실제 사례로 보는 언어의 상처

사례 1

하루하루를 버텨내는 아내의 용기

(김○진 자매, 40대)

"말에는 마법 같은 힘이 있다.
그 힘은 더할 나위 없는 행복을 가져오기도 하고,
가장 깊은 절망을 안겨주기도 한다."

― 디팩 초프라 ―

결혼한 지 10년, 한때 그렇게 그렸던
이상적인 가정은 점점 현실과 멀어져만 갔다.
따뜻함은 식탁에서 자취를 감추고,
나는 매일 무의미한 일상 속에서

'왜 나는 살고 있는 것일까?',
'이 고단한 상황을 얼마나 더 견딜 수 있을까?'
하고 스스로에게 묻는다.
이런 혼잣말은 스스로를 다독이듯 이어진다.
'아이들을 위해서라도 내가 무너져서는 안 된다.
아이들이 무너지면 안 된다.'
남편은 이제 같은 지붕 아래 있지만
완전한 낯선 사람이 되어버렸다.
하루는 언제나 질문이 아닌 가혹한 추궁으로 시작된다.
"집에서 대체 뭐 한 거야?"
"돈은 다 어디에 쓴 거야?"
"왜 이것도 안 해놨어?"
감정은 폭발 직전의 팽팽한 긴장 속에 갇혀 있다.
'말을 꺼내면 더 큰 상처만 남을 테니…'
나는 무의식적으로 입을 꼭 다문다.

침묵은 한때 나를 지키는 유일한 방어막이었다.
하지만 그 침묵은 오히려 우리 사이의 거리를
더욱 벌려놓는 벽이 되어갔다.

대화는 완전히 끊겼고,

이제는 낯설고 어색한 최소한의 문자만이 오갈 뿐이었다.

나는 그렇게 나 자신을 숨긴 채

하루하루를 겨우 버텨내는 존재가 되었다.

그러던 어느 날, 아이들의 눈빛이

내 마음을 아프게 찔러왔다.

아빠의 목소리에 아이들의 말수는 점점 줄어들었고,

두려움 가득한 눈빛으로 움츠러들었다.

작은 발걸음조차 조심스럽게 내딛었고,

그 안에는 숨막히는 긴장감이 배어 있었다.

그제서야 나는 무너졌다.

그때서야 비로소 깨달았다.

이것은 단순한 부부만의 문제가 아니었다.

'말'이라는 보이지 않는 무기가 부부 관계를 넘어

우리 가정 전체를 조금씩 무너뜨리고 있었음을.

무너지는 것은 나 혼자만이 아니었다.

우리 가족 모두가 함께 깊은 상처 속으로 침몰하고 있었다.

놓쳐서는 안 될 통찰

말은 예리한 칼날과 같았다.

사랑하는 이를 알지 못하는 새 마음 깊이 아프게 했다.

하지만 정작 자신은 그 상처의 깊이를 알아차리지 못했다.

침묵은 무거운 경고였다. 단순히 대화가 멈춘 것이 아니라,

감정의 균열은 이미 그 이전부터 시작되고 있었다.

분노는 사실 외로움의 또 다른 모습에 불과했다.

울부짖는 소리 뒤에는 "나를 좀 이해해 주세요."라는

간절한 호소가 숨어 있었다.

사례 2

말을 흉기처럼 사용한 나, 가족과의 이별

(이○직 형제, 50대)

"네 입의 말로 네가 얽혔으며

네 입의 말로 네가 잡히게 되었느니라."

— 잠언 6:2 —

이혼한 지 3년.

낮에는 관공서에서 근무하고 밤이면

술에 의지해 귀가를 반복하는 나날이었다.

왜 이렇게 됐는지 나조차 잊은 채 살다가,

깊은 밤이 되면 그 기억이 되살아난다.

현관문을 열자마자 터져 나오는 총알 같은 말들.

"지금 뭐하고 있어?"

"하루 종일 뭐했어?"

내 말에 아내는 침묵 속에 수방으로 향했고,

나는 그녀의 뒷모습에 또다시 분노를 터뜨렸다.

아이들의 성적표는 내 분노의 도화선이었다.

"이녀석아, 이걸 성적이라고 받아온 거야?"

"그럴 거면 학교 때려쳐!"

그날, 둘째는 눈물을 삼키며 고개를 숙였고,

첫째는 말없이 문을 닫았다.

아내는 식탁 위 컵을 정리하며 붉게 물든 눈으로

이미 포기한 듯한 시선을 보냈다.

그럼에도 나는 멈추지 않았다.

그게 내 언어, 나의 방식, 나의 무기였으니까.

그리고 어느 날,

한마디 말 없이 아내는 아이들과 떠났다.

남겨진 집에는 식어버린 밥, 어지러진 옷가지,

그리고 차가운 적막뿐.

이제 나는 홀로, 말의 파편들 사이에 앉아 있다.

당시 내 말들이 가족들을 얼마나 힘들게 했는지

이제야 깨닫는다.

나의 말은 무기였고,

그 무기로 가장 사랑하는 사람들을 떠나보냈다.

이제 나는 그 폐허 위에서, 너무 늦은 후회 속에 살아간다.

 **놓쳐서는 안 될 통찰**

무심코 던진 말 한마디가 사랑하는 이의 가슴을 찔렀다.

분노는 가장 쉬운 탈출구였다.

불안과 무기력이 쌓일수록 고성만이 감정을 대신했다.

무기였던 말이 관계를 깨뜨렸다.

대화는 끊기고, 마음은 점점 멀어졌다.

뒤늦은 후회는 아무도 돌아오게 하지 못했다.

가장 아꼈던 존재들을 가장 먼저 잃었다.

무너진 식탁, 메마른 관계의 새로운 시작

(김○숙 자매, 40대 주부)

침묵은 가장 강한 비명이다.

Silence is the most powerful scream.

나는 매일 스스로에게 질문을 던진다.

'언제쯤 이혼할 수 있을까?'

아마도 이혼은 이미 내 마음속에서 조용히 시작된 것 같다.

불안한 균형을 겨우 유지하며,

적절한 시기를 기다리고 있다.

집에 돌아와도 남편과 나누는 대화는 없다.

대화, 표정, 감정은 이미 사라진 지 오래다.

남편과 15년을 함께했지만,

'따뜻함'이라는 단어는 내 가슴 깊숙이 자리 잡지 못했다.

같은 공간에 살고 있지만 우리는 서로에게

완전한 낯선 사람이다.

가정 경제부터 일상까지 모든 것이 개별적이다.

식탁에 마주 앉아도 침묵만이 흐르고

기계적으로 음식을 씹을 뿐이다.

밥인지 돌멩이인지 구분할 수 없을 정도로

무감각하게 삼킨다.

우연히 대화가 오가도 늘 같은 패턴을 반복한다.

"그건 네가 잘못한 거야."

"내가 더 많이 참았잖아."

"당신도 달라진 게 없어."

비난과 변명, 서운함과 핑계가 우리의 전부다.

아이가 식탁에서 숟가락을 내려놓고 얼어붙을 때면,

이 무거운 분위기가 아이에게

얼마나 큰 상처를 주는지 절감한다.

아이들이 상처받고 있다는 걸 알면서도

내 내면의 붕괴가 먼저였다.

아무런 위로의 말조차 할 수 없었다.

도대체 어디서부터 잘못된 것일까?

무엇이 우리를 이토록 멀어지게 만든 것일까?

나는 매일 고통을 안고 살아간다.
어떤 날은 하루가 숨결처럼 스쳐 지나가고,
어떤 날은 지옥처럼 영원히 느껴진다.
이 냉혹한 현실은 나에게 무거운 짐이 되어버렸다.

 **놓쳐서는 안 될 통찰**

말이 멈추자, 마음도 멈췄다.
식탁 위 침묵은 단순한 조용함이 아니라,
감정의 단절이었다.
감정은 쌓이고, 표현은 닫혔다.
서운함은 말로 풀리지 못한 채 무거운 공기만 남았다.
비난은 방어였고, 침묵은 포기였다.
"당신이 문제야."라는 말은
결국 "난 지쳤어."라는 외침이었다.
아이의 침묵이 우리를 비췄다.
말없는 식탁 앞, 아이의 눈빛은 이미 경고였다.

사례 4

갈등 소용돌이 속 노모와 아들의 이야기

(고○현 형제, 50대)

"유순한 대답은 분노를 쉬게 하여도
과격한 말은 노를 격동하느니라."

― 잠언 15:1 ―

언제부턴가 어머니와 나는 이렇게 살아왔다.
비좁은 현관문을 열고 들어서면,
어머니는 나를 보자마자 격앙된 목소리로 화를 냈다.
내가 하는 모든 일은 어머니의 마음에 들지 않았다.
"이렇게 살아서 뭘 하겠다는 거니?"
"차라리 나가버려~!"
"차라리 나가버리라고~!"
어머니의 날카로운 말에 나는
"그럼 어머니가 나가세요!
왜 저한테 나가라고 해요?"

하고 거세게 소리쳤다.
대화는커녕, 집안을 가득 메운 건
차가운 침묵과 날카로운 비난의 파편들이었다.

우리는 만날 때마다 서로에게 독설을 퍼부었다.
내뱉는 말 한마디마다 마음을 에는 고통이었다.
하루하루 어머니와의 대화는 절망 그 자체였다.
어머니의 눈은 이미 메마른 사막 같았고,
그곳에서 흐르는 눈물은
더는 어떤 희망도 담고 있지 않았다.
아들의 끓어오르는 분노 또한 마찬가지였다.
서로의 존재 자체가 절벽으로 밀어내는 거대한 힘이 되어,
우리는 끝없이 멀어져만 갔다.

놓쳐서는 안 될 통찰

가장 가까운 사람의 말이 가장 깊은 상처를 남긴다.

어머니의 말은 날카로운 칼날처럼 날아왔고
내 말은 울분의 폭발이었다.
우리는 서로의 외로움 속에서 아파했다.
실망으로 들리는 말 속엔 애절한 아픔이,
분노로 터진 말 속엔 "이해해 달라."는 절규가 담겨 있었다.

선한 양들의 언어:
가정의 위기를 극복할 열쇠

"사람은 입의 대답으로 말미암아 기쁨을 얻나니,

때에 맞는 말이 얼마나 아름다운고!"

— 잠언 15장 23절 —

가정이 무너지는 진짜 이유는 단순한 다툼이나 성격 차이가 아니다. 생명을 살리는 말이 사라졌기 때문이다. 우리가 무심코 내뱉는 말들은 서서히 관계의 기반을 갉아먹고 마음의 문을 닫게 만든다.

"넌 왜 항상 그래?"

"또 그랬어?"

이런 말 한마디가 상대방에게

"나는 존중받지 못한다."는 깊은 상처로 남는다.

그러나 반대로

"미안해. 네 말, 들어줄게."라는

짧은 문장은 무너진 마음을 다시 세우고 깨진 관계에 든든한 다리를 놓는다. 말은 단순한 소통을 넘어선다. 말은 관계를 만들고 삶을 움직이며, 영혼 깊은 곳까지 영향을 미치는 강력한 에너지다.

 실제 연구와 선한 언어의 힘

하버드대학교 심리학과의 연구에 따르면, 한 번의 부정적인 경험은 다섯 번의 긍정적인 경험보다 우리 마음에 훨씬 더 강력하고 오래 지속되는 영향을 미친다. 특히 언어의 영역에서는, 부정적인 말 한마디가 다섯 배 이상의 긍정적인 노력을 상쇄할 만큼 막대한 파괴력을 지닌다는 결과도 보고된 바 있다."

이는 파괴적인 언어가 우리의 내면과 인간관계에 얼마나 깊고 오래 지속되는 상처를 남기는지, 그리고 우리가 말을 얼마나 신중하게 선택해야 하는지를 명확하게 보여준다. 부정적인 말이 남기는 상처는 마음 깊은 곳에 새겨져 치유하기 위해 오랜 시간과 끈질긴 노력을 필요로 한다.

마크 트웨인이 "우리는 칭찬 한마디로 두 달을 살아간다."고 했듯이, 한마디의 긍정적인 말은 사람에게 생기와 힘을 불어넣지만, 반대로 한마디의 부정적인 말은 마음을 꺾고 위축시키는 강력한 힘을 가지고 있다.

말의 어조가 바뀌면 공간의 분위기와 사람들 사이의 관계 또한 달라지며, 이는 나아가 개인의 삶의 방향까지 변화시킬 수 있다. 진정으로 행복한 가정은 특별한 조건이나 외부 환경에서 비롯되는 것이 아니다. 오히려 단 한마디의 따뜻하고 배려 깊은 말, 바로 '선한 양들의 언어'에서 그 시작점을 찾을 수 있다.

 **마무리 체크리스트**

지금 나의 말은 어떤 모습인가요?

"말 한마디가, 무너진 관계를 다시 일으킬 수 있습니다."

1. 내가 한 말로 누군가의 마음에 힘이 되었던 적은 언제인가요?

2. 내 말에는 다른 사람에 대한 공감, 경청, 존중이 담겨있나요?

3. 내가 가정에서 자주 사용하는 말은 무엇인가요?

제2장

선한 양들의 언어란 무엇인가

"하나님의 생기로 관계를 살리는 거룩한 말"

하나님은 처음부터 말씀으로 모든 것을 있게 하셨고,
다스리셨다.
빛이 없는 곳에 **"빛이 있으라."** 명하셨듯,
그 말씀은 공허를 생명으로 바꾸는 강력한 힘이었다.
선한 양들의 언어는 죽은 것을 다시 살아나게 하는,
실재하는 **'변화의 사건'**이다.
그 말은 오늘, 성령을 통해 우리의 입술에 다시 맡겨졌다.
이제 우리의 말 또한 사람을 살릴 수 있는
거룩한 가능성을 품게 된 것이다.
그리고 이 가능성은 단 하나의 질문으로 우리를 이끈다.
"내 입에서 나가는 이 말, 생명인가, 죽음인가?"
이 장은 그 질문에 대한 구체적인 답을
말씀의 근원 속에서 찾아가는 깊이 있는 여정이 될 것이다.

말 한마디로 세상을 창조하신 하나님

성경은
"태초에 하나님이 말씀으로 세상을 창조하시니라"
(창 1:1)고 기록한다.
"빛이 있으라"는 하나님의 말씀에
찬란한 빛이 즉시 생겨났고
(창 1:3),

형체 없던 대지 위에 산과 바다가 솟아오르고,
밤하늘에 별들이 수놓이며,
흙으로 사람의 형상이 빚어지는 등
모든 피조물이 그분의 신성한 말씀으로 섬세하게 지어졌다.

하나님의 말씀은 뒤섞인 혼돈을 완벽한 질서로,
텅 빈 공허를 풍성한 생명으로,

짙은 어둠을 찬란한 빛으로 바꾸는
놀라운 창조의 능력이다.
이처럼 모든 것을 존재하게 한 하나님의 언어는
곧 생명을 창조하는 성스러운 언어이다.

이 생명력 넘치는 하나님의 언어는
지금도 우리 입술을 통해 가장 깊은 절망 속에서도
희망의 씨앗을 터뜨리고, 상상하지 못한
새로운 삶을 견고히 세우도록 섬세하게 작용한다.

하나님의 형상을 따라 창조된 우리는
그 창조적 언어의 능력을 물려받은 존재이다.
우리의 말은 가정의 분위기를 변화시키고,
절망에 빠진 영혼을 일으키며,
상처 입은 관계를 치유하는 놀라운 능력을 지닌다.
그렇다면 이 생명의 언어는 어떻게
우리 삶 깊숙이 뿌리내릴 수 있을까?
그 근원이 바로 우리를 위해 기꺼이
자신을 내어주신 선한 목자, 예수님임을 알 수 있다.

예수님은 '말씀' 그 자체이시다

요한복음 1장 1절은 예수님을 **"말씀"**으로 소개한다.

그분은 말씀이 육신이 되어 우리 가운데 거하셨다(요 1:14).
그의 음성은 병으로 고통받던 이들의 아픔을 걷어내고,
죽음의 잠에 빠진 이들을 깨워 일으키며, 죄의 사슬에 묶인
이들을 온전히 회복시키는 생명력 넘치는 말씀이었다.

"네 죄 사함을 받았느니라." (마 9:2)
"가서 다시는 죄를 범하지 말라." (요 8:11)

그의 말은 흔들림 없는 확신과 부드러운 힘을 지녔다.
예수님의 언어는 이제 우리의 언어가 되어야 한다.
어떻게 그의 언어를 우리의 것으로 만들 수 있을까?
우리는 그 답을 우리의 가장 깊은 영적 정체성,
곧 우리의 근본적인 존재 의미에서 찾을 수 있다.

나는 누구를 닮았는가?
하나님의 DNA를 품은 존재

얼마 전, 주일학교 4학년 김우진 어린이가 과천의 미래과학관에 다녀왔다. 우진이는 모니터로 30년 후 자신의 모습을 예측하는 사진을 찍었다고 한다.

그의 미래 모습에 대해 물었더니, 우진이는 눈을 크게 뜨고 흥분된 목소리로 대답했다.

"목사님, 깜짝 놀랐어요!
거울 속에... 우리 아빠가 계셨어요!"

30년 후 우진이의 얼굴에는 아빠의 모습이 판박이처럼 담겨 있었다는 것이다. 우진이의 이야기를 들으며, 나는 깊은 감동을 받았다. 자녀는 부모의 얼굴, 표정, 걸음걸이, 작은 습관, 심지어 말투까지 닮아간다. 그렇게 자라나는 모습을 바라보며, 생명이란 얼마나 신비롭고 오묘한 선물인가

새삼 깨닫게 된다.

이 닮음은 단순한 우연이 아니다. 부모의 유전자, 곧 'DNA'가 자녀 안에 깊이 새겨져 있기 때문이다. 아들 안에 아버지의 흔적이, 딸 안에 어머니의 본질이 살아 숨쉰다.

육신의 자녀가 부모의 생명을 이어받아 그 존재 자체로 흔적을 드러내듯, 하나님 아버지의 자녀인 우리 안에는 예수님의 거룩한 영적 DNA가 분명히 새겨져 있다.

그러므로 우리의 언어 역시 선한 목자 예수님을 닮아갈 수밖에 없는 것이다. 이제, 선한 양의 언어가 우리 일상 속에서 어떻게 살아 움직이는지 함께 살펴보고자 한다.

선한 양들의 언어, 영적 DNA의 열매

우리의 언어는 곧 영적 DNA를 드러내는 증거다. 이는 단순한 훈련과 반복의 결과가 아니라 하나님 안에서 맺히는 존재의 본질적인 열매다.

예수님은 "무릇 마음에 가득한 것을 입으로 말함이라"(눅 6:45)고 분명히 말씀하셨다. 우리 안에 새겨진 하나님의 영적 DNA는 그 본질을 언어와 행동으로 자연스럽게 드러내게 된다.

성경은 "생명과 죽음이 혀의 권세에 달려 있나니, 혀를 사랑하는 자는 그 열매를 먹으리라"(잠 18:21)고 약속한다.

우리가 어떤 음성에 귀 기울이고 어떤 언어로 소통하는지는 곧 우리의 정체성을 보여주는 영적 시그니처이다. 우리의 말과 반응은 영적 현실과 기적의 문을 여는 결정적인 열쇠다.

양은 시력보다 청력이 훨씬 발달한 동물이다. 수많은 소리

속에서도 양은 오직 자신의 목자 음성만을 정확히 구별하고 따라가는 탁월한 능력을 가졌다.

(BBC 뉴스, "양은 사람의 목소리까지 구분한다", 2017; 일리노이대 동물행동학 연구, "양의 청각과 무리 행동의 상관관계").

이처럼 양의 정체성은 목자의 음성에 집중하는 데 있다. 불평이나 자기 주장이 아니라, 온유와 신뢰로 목자의 음성에 반응하는 것, 이것이 바로 '선한 양들의 언어'다.

이 영적 원리는 우리 신앙에도 똑같이 적용된다. 예수님의 자녀라면, 자연스럽게 그분을 닮은 언어와 행동이 우리 안에서 흘러나올 수밖에 없다.

이제, 이 언어가 실제 삶에서 어떻게 강력한 영향력을 발휘하는지, 그리고 우리 안에 계신 성령님의 임재가 어떻게 어둠을 밀어내는지 놀라운 실화를 통해 직접 목격할 시간이다.

귀신을 물리친 성령의 임재: 어둠을 밀어내다

내 안에 성령 하나님이 계심의 확증: 지하철 안, 귀신이 도망친 이야기

작년 어느 날, 나는 수원에서 구파발까지 지하철을 타고 가는 중이었다. 몸은 몹시 피곤하고 지쳐 있었다. 그때 눈에 들어온 자리가 있었다. 좌석 한가운데에 있는 빈자리였다. 나는 조심스럽게 그쪽으로 걸어갔다.

막 자리에 앉으려던 찰나였다. 자리에 앉아 있던 한 여성이 나를 힐끗 본다 싶더니, 갑자기 자신의 짐을 움켜쥐었다. 그리고 자리에서 벌떡 일어서 그대로 다른 칸으로 가버리는 게 아닌가!

너무 순식간이라 나는 좀 당황스러웠다. 그런데 갑자기 주위 사람들의 시선이 나에게 몰려옴을 느꼈다. '왜 사람들이 다 나를 보지? 내가 뭘 잘못했나? 이상하군.'

바로 그때였다. 내 곁에 앉아 계시던 할머니 한 분이 조용히 말을 건넸다. 방금 전 자리를 떠난 여성이 귀신 들린 사람이었다는 설명이었다. 할머니는 제가 오기 전까지 그 여성이 옆 할아버지에게 고래고래 소리를 지르며 난동을 피웠는데, 내가 다가가자마자 도망쳤다고 덧붙였다.

할머니의 설명이 끝나자마자, 번개처럼 섬광 같은 깨달음이 내 마음을 뒤흔들었다. '아, 이건 우연이 아니었다.'

나는 아무 말도, 아무 행동도 하지 않았다. 그러나 내 안에 거하시는 하나님의 거룩한 임재가 어둠의 권세를 놀랍게 제압한 것이다. 침묵 속에서도 내재된 영적 힘이 강력하게 작동한 것이다.

부활하신 예수님은 약속대로 성령을 보내셨고, 지금도 우리 내면에 살아 역동하고 계신다. 진정한 권능은 웅장한 외침이나 거창한 제스처가 아니라, 우리 영혼 깊이 머무는 성령의 살아 있는 임재에서 조용하지만 강력하게 흘러나오는 것이다. 하나님은 성령을 통해 우리를 강력한 도구로 변화시키신다.

이제 우리의 언어는 성령의 임재를 통해 단순한 소리를

넘어, 생명을 일으키고 새롭게 변화시키는 폭발적인 힘을 얻게 된다.

이는 곧 '선한 양들의 언어'가 성령의 능력과 만날 때 발휘되는 실제적인 힘이다. 우리 입술에 담긴 이 놀라운 영적 능력이 어떤 기적을 만들어낼지 기대해도 좋다.

'선한 양들의 언어'로 또 한 번 세상을 밝히고, 절망 속에서도 더 많은 생명을 일으켜 세우는 새로운 역사의 주인공이 될 시간이다.

생명을 걸고 지키는 진짜 목자의 언어

요한복음 10장 11절에서 예수님은 "나는 선한 목자"라고 친히 말씀하셨다.

선한 목자는 자신의 양들을 위해 기꺼이 목숨을 버리는 분이며, 어떤 위험으로부터든 양들을 지키고 살리는 분이다. 그분의 음성은 양들에게 생명이 되고, 그분의 인도는 양들을 푸른 초장과 쉴 만한 물가, 즉 생명과 안식의 자리로 이끈다.

선한 목자는 양 한 마리 한 마리의 필요를 정확히 알고, 그들을 무한한 사랑으로 품으며, 양들을 위해 자신의 모든 것을 아낌없이 내어주는 분이다. 그러므로 선한 목자의 언어는 언제나 양들에게 깊은 위로, 진정한 격려, 풍성한 생명, 그리고 나아가야 할 분명한 방향을 제시하는 언어다.

요한복음 10장 10절 "내가 온 것은 양으로 생명을 얻게 하고 더 풍성히 얻게 하려는 것이라"는 말씀처럼, 선한 목자의 언어는 오직 양을 살리고, 양의 삶을 온전하게 세우는 데 그 궁극적인 목적이 있다. 그분의 말에는 생명을 살리는 능력이 있고, 그분의 침묵마저도 양을 위한 깊은 배려가 담겨 있다.

누가복음 15장 4절 "너희 중에 어떤 사람이 양 백 마리가 있는데 그 중의 하나를 잃으면 아흔 아홉 마리를 들에 두고 그 잃은 것을 찾아내기까지 찾아다니지 아니하겠느냐?"에서 보이는 바와 같이 예수님은 잃어버린 단 한 마리의 양조차 결코 포기하지 않는 분이시다.

그분은 구원의 사랑과 생명을 건 열정으로, 어두운 골짜기에서 길을 잃고 쓰러진 양을 향해 어떤 위험 속에서도 걸음을 멈추지 않고 끝까지 찾아 나서시는 분이다.

예수님은 자신의 편안함보다 양 한 마리의 생존을 더 소중히 여기시는 마음을 가지신 분이다. 그 진실한 사랑과 변함없는 마음은 때로는 말 없는 침묵 속에도 깊이 담겨 있는 사랑이다. 예수님은 그 존재 자체가 양들을 사랑하는 생명의 언어이다. 하지만 예수님과는 달리, 이 세상에는 겉으로는 양 같아 보이지만 속은 이리와 같은 자들이 있다. 그들은 달콤한 언어와 그럴듯한 말로 우리를 유혹하려 한다. 그러므로 우리는 참된 생명의 언어가 무엇인지, 그리고 참된 사랑이 무엇인지 분별해야 할 것이다.

이제 그 모습이 어떠한지 알아보자.

거짓 목자의 위험한 언어

마태복음 7장 15절에서 예수님은 "거짓 선지자들을 삼가라. 양의 옷을 입고 너희에게 나아오나 속에는 노략질하는 이리라"며 엄중히 경고하신다.

여기서 '양의 옷을 입은 이리'는 겉은 선하고 온순해 보여도, 속으로는 양들을 해치고 자신의 탐욕만 채우려는 거짓된 지도자나 교사를 뜻한다. 이들의 언어는 겉으로는 달콤하고 위로하는 듯 들릴 수 있지만, 그 본질은 파괴적이다.

순진한 양들의 삶을 빼앗고 넘어뜨려 영적 사망에 이르게 하며, 성도들의 마음에 불신과 좌절을 심어 참된 목자이신 예수님으로부터 멀어지게 한다. 겉모습은 그럴듯해도, 그들의 말은 생명이 아닌 죽음의 열매만을 맺는다.

이처럼 '양의 옷을 입은 이리'는 파멸을 가져오는 존재이다. 그렇다면 선한 목자의 자녀인 우리는 어떤 언어를 가져야 하는가? 이제 선한 양들의 언어에 대해 깊이 살펴볼 차례이다.

선한 양, 어떤 언어로 살아가는가?

우리는 선한 목자이신 예수님의 보혈로 값 주고 사신, 하나님의 존귀한 양이다. 그분의 양 된 우리는 선한 목자의 음성에 귀 기울이고, 그분의 거룩한 언어를 닮아가야 한다.

우리 안에 내주하시는 성령님의 인도하심을 따라, 생명을 전하고, 깨어진 관계를 세우며, 절망에 빠진 영혼에게 소망을 심는 언어를 사용해야 한다.

생명을 살리는 언어: 우리의 말은 절망에 희망을, 고통에 치유를, 영적인 죽음에 영원한 생명을 불어넣는 언어여야 한다.

관계를 세우는 언어: 비난 대신 사랑과 용서, 깊은 이해로 깨어진 관계를 회복시키고, 하나님의 공동체를 아름답게 하니 되게 하는 언어여야 한다.

진리를 선포하는 언어: 세상의 유혹에 흔들리지 않고, 하님의 변함없는 진리를 담대히 선포하며, 어둠 속 희망의 빛을 비추는 언어여야 한다.

선한 양들은 참된 목자의 음성에 순종하듯, 그들의 말 역시 목자의 마음과 뜻을 온전히 반영한다. 이것이 바로, 우리가 진정으로 예수님을 닮아가는 증거이다. 우리의 입술에서 흘러나오는 말이 생명의 선한 열매를 맺을 때, 세상은 우리의 삶을 통해 선한 목자의 자녀 됨을 분명히 보게 되는 것이다.

나는 지금 누구의 언어를 따르고 있는가

이제 우리는 스스로에게 깊이 질문해야 한다.

"지금 나의 혀는 누구의 음성을 따르고 있는가?
나의 말은 생명을 살리는 선한 양의 언어인가,
아니면 파괴하고 상처 주는 이리의 언어인가?"

우리는 예수님의 보혈로 값 주고 사신, 하나님의 존귀한 자녀이며 성령님이 영원히 내주하시는 살아 있는 성전이다.

이 영광스러운 정체성을 진심으로 받아들인다면, 우리의 말은 더 이상 무심하게 흘려보내거나 함부로 내뱉을 수 없다. 그러므로 우리는 혀에 담긴 창조적인 능력과 그 무게 있는 책임을 깊이 새기고, 성령님의 도우심을 구하며 사람을 살리고 영혼을 세우는 '선한 양들의 언어'를 선택해야 한다.

우리의 말은 곧 우리의 존재를 드러내며, 우리가 누구의 자녀인지를 세상에 가장 분명하게 보여주는 통로이다.

지금, 여러분은 어떤 언어를 선택하겠는가?

여러분이 오늘 선택하는 말 한마디가, 어떤 기적을 만들어낼지 지금부터 실제 이야기로 만나보자.

칭찬 릴레이, 가족을 일으키다

"한 사람이 시작한 위로의 말이 공동체 전체를 덮는다.
생명의 언어는 전염된다.
말이 이어질 때 생명이 이어진다."

늦가을, 우리 가족은 내장산을 찾았다. 기대와 달리 낙엽은 대부분 떨어져 앙상한 가지만 남은 쓸쓸한 풍경이었다. 우리 가족은 앞산을 가볍게 등반하여 내려올 예정이었다. 하지만 오르려던 산길은 예상보다 훨씬 험난했다. 숨 막히는 오르막, 미끄러운 낙엽길, 끝없이 이어지는 돌계단이 아득했다. 되돌아가기에는 너무 가파르고, 나아가자니 막막한 진퇴양난에 빠졌다. 그 순간, 다섯 살 난 딸아이가 주저앉았다.

"엄마, 이제 못 걷겠어… 집에 가고 싶어."

딸의 눈에 서러운 눈물이 그렁거렸고, 우리 가족 발걸음도 멈췄다. 바로 그때, 앞에서 마주 오던 등산객 한 분이 딸아이를 보며 환히 웃었다.

"와~! 어린아이가 이렇게 높은 곳까지 올라오다니, 정말 대단하구나!"

그 말 한마디는 마법처럼 등산객들 사이에 릴레이처럼 번져나갔다.

"예쁜 공주님! 몇 살이에요?"
"다섯 살이요!"
"다섯 살? 너 정말 용감하구나!"
"조금만 더 가면 정말 멋진 풍경이 기다리고 있어!"
"아가야, 대단하다, 힘내요~!"

그 모든 칭찬은 어린 딸의 마음에 마른 땅에 물이 스며들듯 조용히 스며들었다. 지쳐 고개를 숙였던 아이의 얼굴에 조금씩 생기가 돌아오더니, 두 눈에 다시 빛이 돌기 시작했다. 그리고 이윽고 딸이 소리쳤다.

"엄마, 나 다시 걸을 수 있어요!"

조금 전까지만 해도 힘없고 비틀거리던 어린 발걸음이 이제는 힘차게 내딛기 시작했다. 가파른 돌계단을 거침없이 오르며, 마치 방금 주유한 차처럼 에너지가 충전된 몸으로 걷기 시작했다.

그날, 우리 가족은 함께 내장산 등산로를 완주했다. 그리고 우리는 말 한마디가 사람을 살리는 현장을 직접 목격했다. 낯선 이의 격려가 딸의 굳어 있던 마음을 녹였고, 주저앉아 있던 우리 가족 전체를 다시 일으켜 세웠다. 그것은 단순한 칭찬이 아니었다. 위기 속에서 건져낸, 칭찬의 언어, 즉 생명의 언어 릴레이였다.

절망을 뚫는 한마디, 앉은뱅이가 일어나다

성전 입구.

태어나 단 한 번도 걷지 못한 남자가 40년째 앉아 있었다. 그의 삶은 정지된 시간, 기대도 없이 하루를 구걸하며 살아가는 반복이었다.

사람들은 그의 눈을 피했다. 차가운 시선, 무심한 발걸음. 누구도 다가가지 않았고, 그의 영혼은 점점 더 죽은 듯 살아가는 존재가 되어갔다.

그때, 베드로가 그에게 다가가서 말했다.

"금과 은은 내게 없으나, 내게 있는 것을 네게 주노니, 나사렛 예수 그리스도의 이름으로 일어나 걸으라!"(행 3:6)

그의 한마디가 절망의 공기를 뚫고 기적처럼 스며들었다. 그의 다리가 꿈틀거렸다. 손을 뻗었다. 베드로의 손을 붙잡고 그는 일어섰다. 순식간에 광장이 술렁였다.

"저 사람이… 일어났어!"
"정말, 기적이야!"

앉은뱅이는 찬양하며 걷고, 뛰며, 소리쳤다. 마치 외양간에서 뛰어나온 망아지처럼 뛰었다. 그의 모습은 절망에서 벗어난 자의 자유, 말씀의 능력을 맛본 자의 기쁨을 표출하고 있었다.

사람들은 그제야 깨달았다. 말 한마디가 인생을 바꾼다. 생명의 언어는 말해야 살아난다. 좋은 마음과 따뜻한 생각은 표현되지 않으면 아무런 의미가 없다. 말은 반드시 선포되어야 한다. 숨겨두지 말고, 분명히 들리게 해야 한다.

말씀이 선명하게 들릴 때, 생명이 깨어난다. 생명의 언어는 믿음으로 채워진 말이며, 그 말이 선포될 때 비로소 진정한 힘을 얻는다.

이 말씀의 능력과 생명의 언어를 일상에서 실천한 민족이 있으니, 바로 유내인이다.

식탁에서 자라는 축복의 언어

유대인은 전 세계 인구의 단 0.2%밖에 되지 않지만,
미국 노벨상 수상자의 30%와
하버드와 예일대학 교수진의 20% 이상을 차지하고 있다.
이러한 놀라운 통계는 우연이 아니다.
말의 힘이 한 사람의 운명을 바꾸고,
세대를 이끄는 중요한 유산이 될 수 있다는 것을.

그 시작은 화려한 학교가 아니다.
바로 가정의 식탁, 즉 '말의 현장'이다.
유대인의 식사 시간은 '질문의 학교'와 같다.

"오늘 가장 기억에 남는 일은 무엇이니?"
"슬픈 친구를 보았을 때, 넌 어떻게 대했니?"
"하나님이 오늘 너에게 어떤 마음을 주셨을까?"

이러한 대화는 아이의 생각을 키우고,
감정을 표현하게 하며,
세상을 해석하는 영혼의 렌즈를 만들어준다.
그리고 그 식탁은 동시에 '축복의 장소'이기도 하다.

"넌 하나님이 기쁨으로 만드신 특별한 존재야."
"아빠는 네가 정말 자랑스러워."

이 말들이 아이의 마음속에 깊은 정체성을 새긴다.

"나는 하나님의 형상이다."
"나는 복을 전할 존재다."

책상이 지식을 채운다면, 식탁은 존재 자체를 형성한다.
가장 위대한 교육은 책상 위가 아니라
식탁에서 오가는 생명의 언어에서 시작된다.

자존감을 세우는 축복의 말

어느 날, 한 지인이 내게 물었다.

"저는 작은 지적에도 쉽게 무너지는데,
어떻게 그렇게 자존감이 높으세요?"

그 질문은 내 안에 숨겨진 한 가지 진실을 꺼내게 했다.
어릴 적, 나는 축복의 말 속에서 자랐다.

"넌 하나님의 기쁨이야."
"하나님이 널 통해 놀라운 일을 하실 거야."

이런 따뜻한 말들이 내 마음속에 정체성을 심고,
존재감을 지켜주었고, 실패 속에서도
다시 일어설 수 있는 회복력을 길러주었다.

🔍 과학적 데이터

미국 펜실베이니아 대학교 긍정심리학센터 연구에 따르면, "성장기 자녀가 듣는 언어는 자존감, 스트레스 반응, 사회적 유대감 형성에 직접적인 영향을 미친다."고 한다.

즉, 축복의 말은 자존감을 만드는 가장 실제적인 자양분이다.

말 한마디가 남긴 상처, 그리고 회복의 언어

우리가 '상처'라는 단어를 들을 때 가장 먼저 떠오르는 것은 대개 눈에 보이는 흉터이다.
날카로운 칼에 베이거나,
뜨거운 불길에 데인 자국처럼 말이다.
하지만 세상에는 눈에 보이지 않으면서도,
그 어떤 물리적 상처보다 깊고 오래가는 흔적이 있다.
바로 '말'이 남긴 상처이다.

병원 게시판에 걸린 글

"개에 물린 상처는 반나절 만에 치료받고 돌아갔고,
뱀에 물린 상처는 3일 만에 낫고 떠났으며,
말에 물린 상처는 아직도 입원 중이다."

— 출처: 내뱉은 말은 다시 주워 담기 힘들다 —

실제로 피부의 상처는 약을 바르면 곧 아물지만,
'말'에 물린 상처는 영혼의 가장 깊은 곳에 남아
쉽게 아물지 않는다.
비난, 조롱, 모욕의 말들은 단순한 소음이 아니다.
그 말들은 한 사람의 존재 자체를 부정하는 독이 되어
내면을 파고든다.
이 독은 서서히, 그리고 집요하게
자존감과 삶의 활력을 갉아먹는다.
때로는 우리가 인식하지 못하는 사이에
10년, 혹은 그 이상의 시간을 거꾸로 돌려놓기도 한다.
마치 시간여행자가 과거로 돌아가듯,
우리의 자아도 어느 순간 순식간에 후퇴해버린다.

말 한마디가 앗아간 청춘:
'할머니'가 된 전도사

거울 속 단정한 헤어스타일과 옷차림에
스스로 뿌듯함을 느꼈다.
하루 종일 기쁜 마음으로 사역을 마치고,
집으로 돌아오는 길,
엘리베이터에서 처음 보는 중학생 남학생과 마주쳤다.

"안녕? 처음 보는 학생이네?"라고 인사를 건넸다.
선한 의도로 던진 한마디에, 돌아온 대답은 뜻밖이었다.
"저, 할머니, 엘리베이터에서 봤는데요?"라는 말이었다.
깜짝 놀라 다시 물었다.
"학생, 지금 나한테 할머니라고 한 거야?"라고 했더니,
학생은 천진난만한 얼굴로 말했다.
"그럼, 할머니를 할머니라고 하지, 뭐라고 해요?"
그날의 충격은 지금도 생생하다.

태어나 처음 듣는 '할머니'라는 단어 그 한마디는
농담이 아니라 나를 10년 후
할머니로 변신케 하는 일격이었다.
그 학생에게는 그저 당연한 말이었겠지만,
내 안에서는 '할머니'라는 호칭이 어느새 나를
늙은 존재로 규정하는 말처럼 느껴져 순간 충격이었다.

집에 들어와 방금 있었던 일을 고1 딸에게 이야기했더니,
딸의 두 눈이 동그래지며
"우리 엄마한테 할머니라고?
엄마, 누가 그랬어?
정말 나쁜 녀석이네!"
'엄마를 엄마의 나이로 붙잡아 주는' 딸의 그 따뜻한 말은
상처 입은 나의 자아를 다시 본래 자리로 돌려놓는
마법 같았다.

엘리베이터 남학생의 말이 사실이었을지 모른다.
하지만 말은 사실을 넘어 감정을 남긴다.
말은 단순한 정보 전달이 아니라,

마음에 흔적을 남기는 지울 수 없는 잉크와 같다.
내면의 흔적을 씻고, 다시 비상하기 위해
그래서 나는 결심했다.

'지금은 할머니처럼 보여도,
내 삶은 아직 끝나지 않았다.'

외모는 바꿀 수 없어도,
내가 내게 건네는 말은 내가 선택한다.
한마디 생명의 언어가
어제 꺾인 자존감을 다시 세우고,
잃어버린 10년도 새롭게 시작하게 만든다.
진짜 변화는 내가 내게 들려주는 한마디에서 시작된다.

이제, 당신의 한마디가
삶에 어떤 기적과 변화를 불러오는지
감동과 소망이 담긴 이야기를 함께 펼쳐가 보겠다.

경북 구미 여목사님과 아들 이야기

그녀의 아들은 발달 지연으로 학교생활에 어려움을 겪어,
교장 선생님으로부터 특수학교로 보내라는 권유를 받았다.
절망적인 순간이었지만, 어머니는 흔들리지 않았다.

그녀는 매일 아들에게
"우리 ○○는 하나님이 우리 가정에 주신 귀한 보배란다."
"우리 아들은 하나님 안에서 온전한 아이야."
"넌 하나님의 뜻 안에 지음 받은 존재야."
믿음으로 끊임없이 생명의 언어를 선포했다.

그 결과, 아들은 세월이 흘러 건강하고
온전한 성인으로 성장했고, 지금은 한 교회의 전도사로서
성도들을 돌보고 다음 세대를 말씀으로 양육하고 있다.

사랑하는 아들을 향한 어머니의 생명의 언어인
'선한 양들의 언어'는
아들을 기꺼이 복음의 통로가 되게 했다.

> "아이의 정체성은 그가 반복해서 들은 말에서 나온다.
> 계속해서 축복받은 사람이라고 말해주면
> 결국 그 아이는 '자신이 축복된 존재'라고 믿는다."
> — 제임스 도브슨 박사, Focus on the Family 창립자 —

이런 말은 아이의 마음에 '정체성'을 새긴다.

"우리 딸은 하나님의 특별한 계획 안에 있어."
"하나님이 우리 아들을 통해 일하실 거야."
"너는 사랑받기 위해 태어난 존재야."
"너희는 왕 같은 제사장들이요 거룩한 나라요
그의 소유가 된 백성이니…" (벧전 2:9)

더 나아가, 우리는 아이에게
'지금'의 모습뿐 아니라 '미래'의 가능성을 심어주는

축복의 언어를 사용해야 한다.

"너는 장차 큰 인물이 될 거야."

"네 안에 하나님이 주신 놀라운 잠재력이 있어.

반드시 빛을 발할 거야."

"하나님이 너를 통해 귀한 사명을 이루실 줄 믿는다."

잠언 22장 6절은

"마땅히 행할 길을 아이에게 가르치라

그리하면 늙어도 그것을 떠나지 아니하리라"고 말한다.

여기서 '가르치라'는 단순히 지식을 주입하는 것이 아니라,

아이의 잠재력을 믿고 미래를 축복하는 말을 통해

그 길이 아이의 마음에 새겨지게 하는 의미를 담는다.

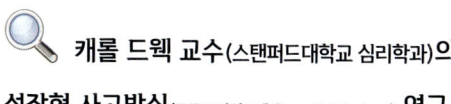 캐롤 드웩 교수(스탠퍼드대학교 심리학과)의
성장형 사고방식(그로쓰 마인드셋 Growth Mindset) 연구:

"아이에게 '너는 아직 배우는 중이다' 또는 '노력하면 성

장할 수 있다'라는 메시지를 반복적으로 전달하면, 아이는 실패를 두려워하지 않고 새로운 도전을 긍정적으로 받아들이는 회복탄력성 높은 사람으로 자란다."고 한다.

이러한 축복의 언어는 아이에게 존재의 이유를 심어주고, 실수해도 다시 일어설 수 있는 내면의 힘을 만든다.

이처럼 개인의 삶에 깊이 뿌리내린 '선한 양들의 언어'는 그 영향력을 확장하여, 더 나아가 하나님의 복음을 세상에 전하는 강력한 통로가 된다. 우리의 입술이 어떻게 생명의 복음을 흘려보낼 수 있는지 이제 함께 살펴보자.

기적을 일으키는 언어, 한마디의 능력

"말 한마디가 가장 깊은 절망 속에서도
사람을 살려낼 수 있다."
— 헨리 나우웬 —

말은 의사의 진단보다 강하고,
물질보다 더 깊은 생명력을 지닌다.

"하나님이 널 포기하지 않으셨어."

이 한마디는 절망의 어둠을 걷어내고,
상처 난 마음에 다시 숨을 불어넣는다.

"선한 말은 꿀송이 같아서,
마음에 달고 뼈에 양약이 되느니라."
—잠 16장 24절—

하나님이 말씀으로 세상을 창조하셨듯,
우리의 말도 상처 난 삶을 다시 세우는
기적의 씨앗이 된다.

물론 의심이 들 때도 있다.
'말이 정말 그렇게 큰 힘을 가질까?'라는 생각이
스칠 때가 있다.
하지만 나는 단호히 말할 수 있다.
그렇다!
말은 생명의 문을 여는 열쇠다.
그 말은 사람을 살리고, 가정을 다시 일으키며,
공동체에 새로운 봄을 불러온다.
하나님은 오늘도 우리의 입술을 통해 일하시기를 원하신다.

이제, 단 한마디 말이
어떻게 인생을 바꾸는 기적이 되었는지
그 놀라운 이야기 속으로 들어가 보고자 한다.

갯벌의 기적, 믿음의 한마디가 소를 살리다

"소가 갯벌에 빠졌어요!"

다급한 외침이 마을에 번졌다. 우리 가족은 밥숟가락 놓을 겨를도 없이 갯벌로 달려나갔다.

텅 빈 갯벌 한가운데, 소 한 마리가 처절하게 몸부림치고 있었다. 그 소는 바로 우리 집의 재산과 같은 소였다.

검은 진흙은 거대한 손처럼 소의 다리를 휘감아 끌고 있었다. 소는 힘겹게 몸을 빼내려 할수록, 더 깊이, 더 무겁게 갯벌 속으로 빨려 들어갔다.

"음메에에~! 워어어~~어!"

삶을 갈구하는 마지막 절규였다. 소의 울음이 마을을 덮었고, 사람들의 눈빛도 굳어갔다.

"저 소… 이제 끝이네."
"어쩌면 좋아, 이거 보통 일이 아니야!"

절망과 무기력이 마을 전체를 뒤덮었다.

그때, 개척교회 사모님이자 내 막내 이모가 갯벌로 나오셨다. 갯벌을 바라보는 이모의 눈빛에는 두려움 대신 확고한 신념이 깃들어 있었다. 이모님은 진흙탕에 파묻힌 소의 모습을 보시고 잠시 눈을 감고 기도하셨다. 그리고 진흙탕에 파묻힌 소의 눈을 힘주어 바라보시고 소리 높여 외치셨다.

"나사렛 예수 그리스도의 이름으로 명하노니, 소야, 일어나라!"

순간, 웅성거리던 소리가 멎었다. 이모님의 외침만이 갯벌 위에 맑고 또렷하게 울려 퍼졌다. 모두 숨죽여 지켜보던 그때, 소의 눈이 번쩍 빛나기 시작했다. 기진맥진했던 눈동자에 희미한 빛이 깃들었다. 소는 천천히 한쪽 앞발을 진흙에서 끌어올렸다. 진흙이 뚝뚝 떨어지며 첫 발자국이 새겨졌다. 그리고 다른 쪽 발도 진흙을 박차고 올라왔다.

소는 흔들리면서도 한 걸음, 또 한 걸음을 발을 내디뎠다. 마치 바람을 거슬러 올라가는 연처럼, 포기하지 않고 살아나려 발버둥쳤다. 마침내 소가 네 발로 당당히 갯벌 밖으로 나왔을 때, 마을 사람들은 터져 나오는 환호성을 참지 못했다.

"와아아아!",
"기적이다!",
"하나님이 하셨다!"

기쁨과 감격의 박수가 뒤섞여 갯벌을 넘어 마을 전체를 감쌌다.

그날 우리는 알게 됐다. 말에는 생명이 있다. 믿음의 언어는 절망을 꺾고 일으킨다. 소를 살린 것은 어떤 힘이 아니었다. 그것은 오직 믿음과 사랑이 담긴 말 한마디였다. 바로 생명의 언어였다.

한마디의 격려가 무너진 인생을 다시 일으켜 세운다

나는 유치원 교사가 되는 것이 꿈이었다. 실업계 고등학교 반에서 유일하게 대학에 진학했다. 유아교육과에 합격한 그날, 하나님께 벅찬 감사의 기도를 드렸다.

하지만 기쁨도 잠시, 곧 예상치 못한 난관에 부딪혔다. 아동 음악 수업의 필수 과목인 '피아노'가 앞을 가로막았다. 집에 피아노가 없었던 나에게 피아노는 꿈과 현실 사이에 놓인 너무나도 높은 벽 같았다. 수업 시간, 친구들의 능숙한 연주가 교실을 가득 채울 때마다 '나만 너무 뒤처진 것 같다.'는 생각에 마음이 무거웠다.

하지만 나는 초급반부터 차근차근 시작했다. 매일 점심시간에도, 수업이 끝난 뒤에도, 그리고 늦은 밤까지 기악실에 남아 연습했다. 손끝이 저릴 만큼 건반을 눌렀고 막차를 타고 집으로 돌아오는 날이 대부분이었다. 그리고 마침내 시험이 다가왔다.

동요 20곡 연주. 마음은 한없이 무거웠다.
'과연... 내가 해낼 수 있을까?'
시험 날, 책상에 앉아 하나님께 기도했다.

"하나님, 저의 부족함을 아시지요? 제가, 피아노 시험을 잘 통과할 수 있도록 도와주세요."

앞선 두 학우가 합격한 뒤 내 차례가 되었다. 너무 긴장한 나머지 덜덜덜 사정없이 떨리는 손 때문에 건반을 제대로 누를 수조차 없었다. 건반에 손이 닿지 않을 정도로 떨고 있었다. 이때, 나의 불안한 모습을 본 학우들은 박장대소하며 비아냥거렸다.

"야! 김경림, 오늘 날씨 춥니~?"

여름 문턱에서 떨고 있는 나를 조롱하는 그 말은, 이미 얼어붙은 내 마음을 더욱 절망하게 했다.
바로 그때였다. 마치 야구장 심판치럼 교수님께서 팔을 힘차게 들어올리며, 쩌렁 쩌렁한 목소리가 교실 전체를 울렸다.

"이 학생, 합격입니다!"

피아노 앞에서 느꼈던 좌절감이 사라지는 순간이었다. 누구도 감히 교수님의 선언에 이의를 제기하지 못했다. 교수님의 그 한마디는, 내가 준비한 20곡보다 더 강력한 평가였다. 교수님의 합격 선언은 '네 노력을 충분히 알고 있다'고 말해주는 하나님의 인정이었다.
이어 교수님께서는 말씀하셨다.

"이 학생이 늦은 밤까지 연습하는 모습을 지켜보았습니다. 그때의 연주는 뛰어났습니다."

교수님의 말씀은 내 지친 시간들과 아픔을 부드럽게 감싸 안는 따뜻한 위로였다. 아무도 주목하지 않았던 나의 노력을 교수님이 알아보셨다는 사실, 그것만으로도 내 존재는 다시 일어설 힘을 얻었다.
'나는 네 모든 과정을 지켜보고 있었어. 네 걸음걸음을 기억하고 있다.'고 말씀하시는 듯했다. 그 순간, 나는 명확하게 깨달았다.

그 격려는 단순히 교수님의 말씀이 아니라, 하나님께서 나를 지켜보고 계신다는 살아있는 증거였다는 것을. 교수님께서 나의 노력을 인정해주고 칭찬해 준 그 한마디는 무너진 나의 삶을 다시 일으켜 세우는 **놀라운 사랑과 회복의 언어 즉 생명의 언어**였다.

복음의 통로가 되는 입술

"주의 말씀을 열면 빛이 비치어
우둔한 사람들을 깨닫게 하나이다."
― 시119편 130절 ―

우리의 입술은 단순한 의사소통 도구가 아니다.

생명을 전하는 거룩한 통로이며, 하나님의 빛과 복음이 흘러가는 길이다. 그 입술에서 나오는 말이 가정을 살리고, 깨어진 관계를 회복하며, 절망에 빠진 영혼을 다시 일으킨다. 이것이 바로 생명의 언어이며, 복음이 뿌리내리는 시작점이다.

나는 목회 현장에서 수없이 보았다. 수많은 신앙 연수 예배때는 눈물로 회개하지만, 가정에서는 날선 말로 서로를 찌르는 이들, 말씀을 듣고 은혜받았다고 하면서도 직장에서는 냉소와 비판만 내뱉는 이들이 있다. 하지만 진정한 변화는 말의 변화에서 시작된다. 복음의 정도는 바로 그 사람의 말로 증명된다.

> "선한 사람은 마음에 쌓은 선에서 선한 것을 내고,
> 악한 사람은 그 쌓은 악에서 악을 내나니
> 이는 마음에 가득한 것을 입으로 말함이라."
> — 눅 6장 45절 —

입은 곧 마음의 출구다. 결국 우리의 말은 그 사람의 삶과 신앙을 고스란히 드러낸다.

📊 언어가 복음 전도에 끼치는 실제 영향력

미국 바나 리서치(Barna Group) 보고에 따르면, **"복음을 들은 사람 중 76%가 친한 사람의 따뜻한 말이 예수님에 대해 다시 생각하게 만든 결정적 계기였다."**라고 한다.

말의 기술이 아니라 진심이 담긴 생명의 언어가 사람의 마음을 여는 복음의 열쇠가 된다. 우리의 입술이 복음의 통

로가 될 때, 하나님은 그 자리를 통해 친히 일하신다.

생명의 언어가 지닌 강력한 힘은 때로는 우리의 상상을 뛰어넘는 기적을 만들어낸다. 우리의 말이 절망을 깨뜨리고, 불가능을 가능하게 하는 기적의 도구가 될 수 있음을 이제 더 깊이 생각해 볼 시간이다.

한마디의 말, 인생을 붙잡는 손이 된다.

 **마무리 체크리스트**

"그 한마디가, 누군가의 인생을 붙잡아 주는 손이 될 수 있다."

1. 어린 시절, 나를 지지해 준 말 한마디는 무엇이었는가?

2. 절망에 빠진 이에게 내가 건넨 첫 마디는 무엇이었는가?

3. 지금 내 말은 누군가에게 다시 일어설 용기를 주고 있는가?

제3장

선한 양들의 언어 훈련

"말의 실험에서 삶의 회복으로"

"여호와께서 내 입에 말씀을 주시매,
내가 그 입의 말씀으로 말하였노라."
— 예레미야 1장 9절 —

앞의 이야기들이 선한 양들의 언어가 왜 우리의 삶과 공동체에 절실한지, 그리고 이 언어를 전하는 것이 얼마나 깊은 사명인지를 보여주었다면, 이제는 당신의 차례이다. 스스로를 감싸고 있던 침묵과 절망의 고치를 뚫고, 새로운 날개를 펼칠 준비가 되었는가?

우리의 말은 단순히 생각을 전달하는 도구를 넘어선다. 그것은 존재 자체를 빚어내는 창조의 힘이다. 보이지 않는 마음의 씨앗을 눈앞의 현실로 피어나게 하는 경이로운 능력이 바로 우리 입술에 담겨 있다.

갯벌에서 빠진 생명을 살린 외침, 절망한 제자를 일으킨 단 한마디, 산속에서 릴레이처럼 이어진 위로의 말들 — 이 모든 기적의 출발점은 '말'이었다. 말은 단순한 소리가 아니다. 작은 실천 하나가 관계의 흐름을 바꾸고, 짧은 외침 하나가 사람의 생을 일으킨다. 단어 하나, 눈빛 하나, 호흡 한 줄이 메마른 마음에 생명의 물줄기를 트이게 한다.

> "한마디 말이 절망에 빠진 이에게 생명을 불어넣습니다.
> 진정한 말은 영혼 깊은 곳에 닿습니다."
> — 존 오트버그(John Ortberg) —

📊 심리언어학 연구 데이터

MIT 언어연구소의 실험 결과, '감정이 실린 짧은 격려의 말'은 청자의 도파민 분비를 증가시켜 정서적 회복을 촉진하며, '비난과 침묵'은 반대로 스트레스 호르몬(코르티솔)을 상승시킨다고 한다.

선한 양들의 언어는 훈련을 통해 자라납니다.

매일 한마디씩이라도 생명을 불어넣는 말을 이야기할 때 우리의 언어는 단순한 습관을 넘어 하나님의 사랑을 전하는 도구가 된다.

우리는 이 진실을 '밥'을 통해 실험하기로 했다.

"사랑해." 이 말 한마디가 정말 생명을 살릴 수 있을까?

"짜증나." 이 말 한마디가 정말 마음을 시들게 할까?

이제, 말의 온도를 바꾸는 30일의 여정이 시작된다.

말이 달라지면, 삶이 달라진다.

30일간의 선한 양들의 언어 실험

왜 실험을 시작했는가?
"정말 말 한마디가 사람을 살릴 수 있나요?"
말의 힘을 전할 때마다 누군가 이렇게 물었다.
그리고 나는 마음속으로 결심했다.
'말의 위력을 눈으로 직접 보여주자.'

그래서 우리 교회 공동체는
아주 작은 실험 하나를 시작했다.
그 이름도 단순하고 명확하게,
'밥 실험'이라고 불렀다.

실험 방법과 결과

같은 시간에 지은 따뜻한 흰쌀밥을
두 개의 투명 플라스틱 용기에 나누어 담았다.
첫 번째 용기에는 '사랑해요'
라고 적힌 스티커를,
두 번째 용기에는 '짜증나'
라는 말이 적힌 스티커를 붙였다.
성도들에게 이렇게 안내했다.

"30일 동안 매일 이 밥에게 말을 걸어주세요.
'사랑해요' 밥에게는 따뜻한 말, '짜증나'
밥에게는 부정적인 말을 해주세요.
그리고 그 결과를 함께 지켜보겠습니다."

두 용기는 같은 장소에 놓였고, 환경 조건도 같았다.

다른 것은 오직 하나 — 우리가 하는 '말'뿐이었다.

15 15일 후 - 성도에게서 걸려온 한 통의 전화

"목사님… '짜증나' 밥이요…
완전히 썩어버렸어요.
뚜껑 열자마자 역겨운 냄새가 확 퍼지는데,
너무 지독해서 손도 못 대겠어요.
그런데 '사랑해요' 밥은 아직도 괜찮아요.
약간 곰팡이가 피었긴 한데,
숭늉처럼 고소한 냄새가 나요.
정말 신기해요."

말을 걸기만 했을 뿐인데,
밥이 완전히 달라진 것이다.

눈으로 확인한 말의 힘

실험 시작 후 30일,
주일예배가 끝난 뒤, 성도들이 각자의 밥을 들고 모였다.
뚜껑을 여는 순간, 모두의 표정이 바뀌었다.

'짜증나~!' 밥

검은 곰팡이가 덩어리째 피어 있었고,
밥알은 녹아내린 듯 흐물흐물했다.
냄새는 숨이 막힐 정도로 역하여
어떤 성도는 얼굴을 찡그린 채 고개를 돌려버렸다.

'사랑해요♥' 밥

약간 노랗게 익은 듯한 색이 돌았지만, 형태가 온전히 유지된 채 촉촉했다. 냄새는 은은한 숭늉 향기처럼 구수했다. 그 광경을 본 성도들 사이에서 나지막한 감탄사가 터져 나왔다.

"이 밥이 꼭… 칭찬 들은 우리 아이 얼굴 같아요."
"말에 생명이 있다는 말, 이제 정말 믿겠어요."
"말은 공기 같지만, 이 실험에서 보니
정말 큰 힘을 가졌네요."
"제가 평소에 무심코 뱉던 말들이 너무 부끄러워요.
오늘부터는 '밥에게 하듯이' 가족에게 말하겠습니다."

공동체를 변화시키는 언어 문화

그날 이후, 교회 안의 언어는 바뀌기 시작했다. 그동안 제어 장치 없이 말하던 성도들은 부정적인 말이 튀어나올 때면 장난스럽게 외친다.

"선한 양들의 언어 브레이크 밟아주세요~!"

그리고는 함께 웃는다.

말이 달라지자 표정이 바뀌고, 표정이 바뀌자 공동체의 분위기도 바뀌기 시작한다. 이 실험은 단순히 밥이 썩는 속도를 본 것이 아니다. 우리 안에 심겨진 말의 씨앗이 어떤 열매를 맺는지 눈으로 확인한 작지만 강력한 기적이다.

이제 우리는 '밥에게 말하듯이' 가족에게, 교우에게, 이웃에게 말을 건넨다. 말의 변화가 밥을 살렸듯이, 우리의 말이 누군가의 영혼을 살릴 수 있음을 믿기 때문이다.

이 12주는 끝이 아니라, 선한 양들의 언어를 살아내는 평생 여정의 시작이다.

선한 양들의 언어훈련 – 눈으로 말하라

주일 오후, 선한 양들의 언어학교가 시작된다. 우리는 말의 힘을 직접 체험하는 12주간의 훈련 여정에 들어선다.

"오늘은 말보다 먼저, 눈을 서로 마주하는 연습부터 하겠습니다."
"서로 손을 잡고, 3분간 서로의 눈을 바라보세요."

처음에는 서로에게 어색함이 가득했다. 마주보는 눈빛에 쑥스러운 웃음이 터지고, 어떤 이는 시선을 피하거나 얼굴이 붉어진다. 하지만 곧 서로 손을 잡고 눈빛이 이어진다. 잠시 후, 어느 한쪽에서 조용한 눈물이 흐르기 시작한다. 어떤 이는 말없이 흐느낀다. **눈빛 속에 숨어 있던 외로움과 고통이 고스란히 전해지는 순간이다.**

그리고 안내자의 부드러운 말이 울려 퍼진다.

"3분이 지났어요.

이제 손을 놓고, 서로의 어깨를 가볍게 토닥여 주세요."

그 손길은 포옹으로, 그 침묵은 위로로 이어진다. 말 한마디 없이, 마음은 마음을 알아보는 시간이다. 그날 우리는 깨닫는다. 말보다 먼저 전해지는 선한 양들의 언어는 눈빛이며, 손길이며, 함께 울어주는 침묵이라는 것을.

잠시 후, 안내자가 말한다.

"오늘 서로 눈을 보고 실습한 것을 나누겠어요."

그 말이 떨어지자 여기저기서 손이 올라간다. 말할 것이 많았던 것이다.

- "3분이 3시간처럼 느껴졌어요."
- "눈을 바라보는데, 눈물이 났습니다."
- "집사님의 눈에서 오래된 쓸쓸함이 보였어요."
- "말보다 눈빛이 먼저 울고 있었어요."
- "저를 향한 진심이 느껴졌어요."

어떤 이의 눈빛은 "나 좀 안아주세요."라고 속삭이는 듯했고, 또 다른 이의 눈빛은 **"나도 외로워요."** 라고 조용히 말하고 있었다.

이제 우리는 깨달았다. 말이 아닌 눈빛으로도 더 깊은 대화를 할 수 있다는 것을. 입술이 멈춘 자리에서, 마음은 눈빛을 타고 건너간다.

돌이켜보니, 우리는 그동안 상대의 눈을 제대로 보지 않았다. 그 감정을 묻기보다, 내 말만 쏟아냈다. 하지만 그날, 침묵 속에서 오히려 더 많은 말이 오간 것이다. 그것은 언어가 아닌 존재로 주고받는 대화였다.

선한 양들의 언어훈련 – 입으로 말하라

"오늘은 말의 힘을 느껴보는 시간입니다. 서로 눈을 바라보며, 가슴에서 우러나온 생명의 말을 건네주세요."

순간, 실내는 조용해진다. 성도들은 서로를 바라보다 시선을 피하거나 어색한 웃음을 흘린다. 그러나 곧 한 사람이 용기를 내어 말한다.

"오늘 함께 있어서… 정말 행복했습니다."

그 말에 상대의 눈가가 붉어지고, 미소가 조용히 피어난다. 이어서 다른 조들에서도 진심 어린 말들이 흘러나오기 시작한다.

"헤어스타일이 참 잘 어울려요."

"목소리를 들으니 마음이 편안해졌어요."
"집사님은 하나님이 지으신 소중한 분이세요."

그 말에는 꾸밈이 없었고, 마음에서 바로 올라온 진실이 담겨 있다. 말 한마디에 눈시울이 붉어지고 표정이 부드러워진다. 공기의 온도마저 달라진다. 서로의 시선은 따뜻해지고 마음이 풀리기 시작한다.

그러자 누군가 작은 목소리로 이렇게 말한다.

"이렇게 중요한 걸 우리는 왜 지금까지 모르고 살았을까요?"

그 말은 회개의 고백이자 관계에 대한 깊은 자각이며, 복음의 본질을 다시 만나는 순간이다.

훈련은 끝났지만, 변화는 시작되었다

그날의 훈련은 단지 '말을 예쁘게 하는 법'을 배우는 시간이 아니다. 복음을 내 말에 실어, 삶 속으로 흘려보내는 훈련이다.

"내가 너희에게 이르는 말은 영이요 생명이라."
– 요한복음 6장 63절 –

예수님의 말씀은 곧 생명이고, 이제 그 생명의 말씀이 우리의 입술을 통해 전해지고 있다.

말이 바뀌자 — 마음이 열리고 관계가 풀리며 복음은 더 이상 교리나 문장이 아니라 삶이 되고, 사랑이 된다.

그 말은 그렇게 한 사람의 내면을 바꾸고, 가정을 살리며, 학교를 회복시키고, 공동체를 밝히는 살아 있는 복음의 통로가 된다.

"말의 분위기가 영혼의 기후를 바꾼다.
따뜻한 말은 얼어붙은 마음도 녹인다."

― 레슬리 뉴비긴, 선교신학자 ―

📊 실제 언어 심리 데이터

미국 스탠퍼드 대학 연구에 따르면, 긍정 언어 훈련을 4주 이상 받은 참가자는 자기효능감(Self—efficacy)이 35% 증가하고, 사회적 관계 만족도는 41% 향상되었다고 한다. 훈련된 '말'은 삶의 질을 바꾸는 실제 능력인 것이다.

말이 곧 선교다.
말이 곧 치유이고, 말이 곧 하나님 나라의 시작이다.

"하나님의 나라는 말에 있지 아니하고
오직 능력에 있음이라."

―고린도전서 4장 20절―

가정에 스며든 선한 양들의 언어

훈련이 끝난 뒤, 가정 안에 소통의 변화가 찾아왔다. 형식적인 대화는 사라지고, 진심이 담긴 말들이 오가기 시작했다.

한 성도는 아침 식탁에서 남편과 자녀에게 부드럽게 말을 건넨다.
"여보, 아침 준비하느라 고생 많았어요. 정말 고마워요."
자녀들은 화답한다.
"우리 엄마는 음식 솜씨가 최고예요. 맛있게 잘 먹겠습니다!"
남편과 아이의 말에 엄마는 행복한 미소를 짓는다.

그날 이후, 식탁은 사랑이 흐르는 공간으로 변한다. 또 다른 성도는 아들에게 다정히 말한다.

"아빠는 우리 아들 때문에 세상에서 가장 행복한 사람이야."

이 말에 아이의 눈이 반짝이고, 기쁨이 가득한 얼굴로 아빠를 바라본다. 부모의 짧은 한마디였다. 그러나 그 말은 가정의 공기를 바꾸는 신선한 바람이 된다.

이 말들은 단지 훈련의 산물이 아니다. 마음 깊은 곳에서 흘러나온 진심이며, 작은 씨앗처럼 심겨져 '사랑'이라는 이름으로 뿌리내리기 시작한다.

복음, 말로 살아나는 가정의 기적 이야기

김○주 자매(40대)

과거에 남편이 아이를 훈육할 때마다 나는 늘 즉시 끼어들었다.

"밥 먹는 아이한테 왜 그래요?"

그러면 남편은 깊은 한숨을 내쉬며 자리를 뜨곤 했다. 그때는 몰랐다. 내 말이 오히려 가정의 분위기를 더 망치고 있었다는 것을.

하지만 선한 양들의 언어 학교를 다니고 난 후, 내 언어가 달라졌다. 아이에게 이렇게 말하기 시작했다.

"○○야, 아빠 말씀 귀담아 들어야 해. 아빠가 널 얼마나 사랑하는지 알지? 네가 더 나은 사람이 되길 바라셔서 조언하시는 거란다."

그리고 마지막으로 이렇게 응원의 메시지를 전했다.

"넌 충분히 잘할 수 있어. 파이팅!"

놀라운 변화가 일어났다. 내가 아빠의 훈육에 힘을 실어주자, 아이의 얼굴에 환한 미소가 번졌다. 그날 이후, 식탁은 따뜻한 대화의 장소로 바뀌었고, 남편과의 소통이 깊어졌으며, 아이는 다시 밝은 웃음을 되찾았다.

교실에 스며든 선한 양들의 언어

어린이, 바다로 나가려고 몸살하는
바구니에 담아 놓은 꽃게들
— 이정석 시 —

아이들은 바다를 꿈꾸는 꽃게와 같다.

몸을 꿈틀대고, 자기만의 리듬으로 움직이며 가르치기 전에 스스로 존재하려 애쓰는 생명이다. 그런 아이들에게

"가만히 있어!"

라는 말은 마치 바구니 뚜껑을 덮는 명령과 같다. 그 한마디는 아이들의 내면에 흐르는 생명의 흐름을 끊고, 배움을 향한 창조적 움직임을 멈추게 만든다. 아이들은 가만히 있는 법을 배우기 전부터 뛰고, 부딪히고, 소리 내며 세상을 익히는 중이다.

그 모든 움직임은 교정할 대상이 아니라, 무한한 가능성을 품고 읽고, 붙잡고, 세상으로 파송해야 할 존재론적 잠재력이다. 훈육은 억제가 아니라 '통로'이다.

훈육은 아이들을 조용히 만드는 기술이 아니다. 아이들 안의 생명을 읽어내고, 그 생명이 세상으로 힘껏 흘러가게 하는 통로가 되어야 한다.

"그만!"이라고 막기보다
"그 힘으로 이걸 해보자!"
"이제 네 바다로 나아가 볼래?"
라는 격려와 이끎의 말, 곧 선한 양들의 언어가 교실 현장에는 절실히 필요하다.

교실은 갯벌이어야 한다.

교실은 조용한 수조가 아니다. 학생들이 마음껏 뛰어놀고, 실수하며 배우고, 생각의 씨앗을 심을 수 있는 갯벌이 되어야 한다. 말하고 싶은 말이 있고, 움직이고 싶은 몸이 있고, 느끼고 싶은 감정이 있는 공간 — 바로 그 생생한 현장에서 학생들은 삶을 온전히 배운다.

꽃게 훈육법, 교실에서 피어나다

우리 교회 한 성도는 학교 교사이다.

그는 선한 양들의 언어 훈련 중 '밥 실험'과 '말 실험'을 경험하며 말이 감정과 생명에 실로 강력한 영향을 준다는 것을 깨닫는다. 그날부터 그는 학생들에게 이 '꽃게 훈육법'을 적용하기 시작했고, 교실은 놀랍게 변화한다.

사례 1

억제보다 경청으로 길을 열다

5학년 미술 시간. 성현이는 색종이를 찢어 공중에 던지며 웃고 있었다. 주변 아이들은 덩달아 산만해졌고, 다른 교사는 "그만해!" 하고 혼내기 일쑤였다. 그러나 해당 교사는 책상에 다가가 조용히 말한다.

"성현아, 지금 네 안에 뭔가 하고 싶은 게 있는 것 같구나. 혹시 오늘 따라 마음이 좀 들썩거려?"

성현이는 조금 놀란 듯 고개를 끄덕이며 말한다.

"선생님, 저 이거 구겨서 그림 그려보고 싶어요."

선생님은 미소 지으며 말한다.

"좋아! 그 마음, 이번 작품에 담아보자."

(학생의 내면을 읽어주고 가능성으로 연결하는 경청의 힘은 어떤 연령대의 학생에게도 적용되는 교실 변화의 시작점이다.)

사례 2

통제보다 방향 제시로 에너지를 품다

점심시간이 끝나갈 무렵, 수호는 복도에서 고함을 지르며 친구를 쫓아다녔다. 다른 교사가 다가와
"그만해, 시끄러워!"
하려는 순간, 해당 교사는 손짓하며 다가간다.
"수호야, 지금 네 안의 에너지가 폭발 직전이지? 그 힘으로 이걸 해보자! 판 위에서 공 굴리기 게임, 누가 더 멀리 가나 해볼래?"
수호는 "재밌겠다!" 하며 에너지를 게임에 쏟기 시작했고, 혼을 내지 않고도 수호의 주의를 다른 곳으로 돌릴 수 있었다.

(넘치는 학생의 에너지를 억누르기보다 긍정적인 방향으로 전환하는 지혜는 중·고등학생의 도전적이고 창의적인 열정을 끌어내는 데에도 유효하다.)

수치보다 가능성을 강조하며 다시 일어서게 하다

과학 발표 시간. 지혜는 긴장한 나머지 친구 이름을 잘못 부르고 설명을 빼먹었다. 교실에 웃음이 퍼지자 지혜는 얼굴이 빨개져 울먹인다. 그때 선생님은 나지막이 말한다.

"지혜야, 실수했어도 괜찮아. 넌 지금 배우는 중이야. 그리고 네가 얼마나 준비했는지 선생님은 다 알고 있어."

지혜는 말없이 고개를 끄덕이고, 다음 주에는 손을 들고 발표에 다시 도전한다.

(실패와 좌절 속에서도 학생의 노력과 잠재력을 인정하는 말은 어떤 학년의 학생에게든 다시 도전할 용기를 준다.)

침묵보다 소통으로 마음의 문을 열다

시험 결과가 나오는 날. 찬우는 책상에 엎드려 아무 말도 하지 않았다. 말을 시키면 마음이 더 닫힐까 걱정되던 순간, 선생님은 옆자리에 앉아 말한다.

"나도 중학생 때 한 번 그런 적 있어. 채점된 시험지를 보기도 싫고, 내가 바보처럼 느껴졌던 날."

찬우는 한참 뒤 고개를 들며 말한다.

"저도요…! 너무 못 봤어요."

말 한마디가 아니다. 함께 머물러주는 마음이, 찬우의 마음을 연다.

(학생의 침묵 속에 숨은 감정을 이해하고 공감하는 말은 깊은 신뢰를 형성하고, 특히 사춘기 학생들의 닫힌 마음을 여는 열쇠가 된다.)

정지보다 파송으로 잠재력을 깨우다

글쓰기 시간. 하린이는 계속 지우개로만 칠하며 첫 문장을 쓰지 못했다. 종이 위엔 아무것도 없었다. 선생님도 옆에 앉아 조용히 말한다.

"하린아, 선생님은 네 마음에 이야기가 가득한 걸 알아. 이제, 네 바다로 나아가 볼래? 네 안에 있는 말, 기다릴게."

하린이는 천천히 연필을 들었고, 그날 일기를 다 쓰고 나서 처음으로 이렇게 말한다.

"선생님, 오늘은 제가 조금 용감했어요."

(학생에게 내재된 가능성을 믿고 격려하는 '파송의 언어'는 단순한 지도를 넘어 학생 스스로 미지의 영역으로 나아가게 하는 강력한 동기가 된다.)

아이들(학생들)은 바구니 속 꽃게가 아니다.

가만히 있으라며 눌러두는 순간, 그 학생 안에 끓고 있던 생명의 리듬은 멈춰버린다. 훈육은 학생을 조용히 만드는 기술이 아니다. 그 안의 생명을 읽고, 그 생명이 향할 방향을 열어주는 통로여야 한다.

"마땅히 행할 길을 아이에게 가르치라
그리하면 늙어도 그것을 떠나지 아니하리라."

— 잠언 22장 6절 —

훈육은 오늘의 문제 행동보다 하나님이 보시는 '내일의 존재'를 바라보는 일이다. 억제는 쉽지만, 파송은 믿음을 필요로 한다. 눈앞의 행동을 고치는 것보다, 그 학생이 향할 미래를 바라보며 말하는 것 — 그것이 생명을 살리는 훈육이다.

"아이를 있는 모습 그대로 받아들이는 것이 아니라,
하나님이 그 아이 안에 심으신
가능성을 보고 인도하는 것이다."

— 헨리 나우웬 —

훈육은 명령이 아니라, 하나님이 맡기신 존재를 향한 '사랑의 파송장'이다.

🔍 실제 연구

컬럼비아 대학 뇌과학 연구팀에 따르면, 부모나 교사의 격려와 기대가 담긴 언어는 학생의 동기영역(측좌핵, prefrontal cortex)을 자극해 자기 주도성과 성취 신념을 향상시킨다고 한다. **말 한마디가 학생의 뇌를 실제로 변화시키는 것이다.**

 **마무리 체크리스트**

"선한 양들의 언어, 마침내 삶의 기적이 되다."

1. 말은 가정의 식탁을 생명으로 물들이는 첫 씨앗이 된다.

"그만 좀 해!"라는 차가운 말이 사라진 자리에 "고마워."라는 따뜻한 말이 피어난다. 말의 온도가 변하자 굳게 닫혔던 식탁의 공기가 달라지고, 메마른 침묵이 사랑의 대화로 샘솟기 시작한다. 가정은 다시 살아 숨 쉬는, 사랑이 가득한 작은 천국이 된다.

2. 교실에서는 훈육이 생명을 품은 파송의 언어로 승화된다.

"왜 그래?"라는 통제의 질문 대신 "무슨 마음이니?"라는 경청의 물음이 울려 퍼진다. 교사는 학생을 억지로 묶어두지 않고, 그 안에 숨겨진 무한한 가능성의 바다로 힘껏 파송한다. 교실은 조용한 수조가 아닌, 학생들이 자유롭게 뛰어놀고 배우며 진정한 자신을 발견하는 생동감 넘치는 갯벌이 된다.

3. 말은 한 사람을 넘어 공동체 전체를 회복시키는 거대한 물줄기가 된다.

선한 양들의 언어는 단지 예쁜 말이 아니다. 그것은 시대를 넘어 영혼을 살리는 복음을 품은 말이고, 깨어진 관계를 다시 엮어내는 사랑의 언어이다. 사람을 일으키고, 공동체를 견고히 세우며, 마침내 하나님 나라의 비전을 현실로 만들어가는 살아 있는 회복의 문이 된다.

제4장

선한 양들의 감사학교

"감사는 얼음을 녹이는 햇살이다.
차갑게 닫힌 마음도 진심 어린 그 한마디 앞에
눈물처럼, 조용히 녹아내린다."

"감사만 해도 생명이 살아납니다."

"행복이 우리를 감사하게 만드는 것이 아닙니다.
우리는 감사하기 때문에 행복한 것입니다."

― 윌리엄 제임스 ―

감사는 생명을 불어넣는 말이다.
감사는 영혼을 근본적으로 변화시키는 강력한 힘이다. 한마디의 진심 어린 감사는 끊임없는 불평을 잠재우고, 지루했던 일상을 놀라운 기적으로 변화시키는 능력을 지닌다.

감사는 무너져가던 관계를 회복시키는 마법 같은 힘이다. 진심 어린 감사의 말은 얼어붙은 마음의 얼음을 녹이고, 갈라진 가족의 틈새를 따뜻하게 메우며, 식어버린 공동체에 새로운 생명을 불어넣는다.

관계 회복의 핵심은 말의 기술이 아니라, 감사의 진정성에 있다. 아무리 고운 말을 해도, 감사가 빠진 말은 깊이 상처받은 마음을 온전히 회복할 수 없다. 감사가 없는 말은 단순한 소음에 불과하다.

감사는 단순한 표현이 아니라, '나'로부터 '너'를 향한 진정한 존중과 사랑의 실천이다. 그 말에는 생명이 깃들고, 온기가 담겨 있으며, 주변 공기마저 변화시키는 힘이 있다.

말이 달라지면, 마음도 변하고, 마음이 바뀌면, 삶의 전체 풍경이 달라진다.

그래서 우리는 훈련하기로 결심한다. '감사학교'는 전 교인을 대상으로 한 12주간의 생명을 살리는 언어 훈련이다. 이 훈련은 단순히 예쁜 말을 배우는 시간이 아니다. 감사를 선택하는 법, 감사를 흘려보내는 법, 그리고 감사를 삶으로 실천하는 법을 배우는 은혜의 여정이다.

감사는 말에서 시작되지만, 결국 마음과 공동체, 그리고 삶 전체를 회복시키는 은혜의 시작점이다.

감사의 말, 공동체를 울리다

한 성도가 조용히 입을 연다. "사실… 감사할 게 별로 없다고 생각했어요. 그런데도 '감사하라'는 말씀에, 억지로라도 감사를 찾아보려고 노력했어요. 그런데 놀랍게도, 그 억지였던 감사가 조금씩 진실된 마음으로 자라나더라고요."

그의 담담한 고백이 끝나자, 순간 방 안은 숙연해진다. 형식적으로 시작된 감사가 공동체의 마음을 울린다. 누구도 먼저 눈물을 흘리지 않았지만, 누구도 감정을 숨길 수 없었다. 그날 이후, 사람들의 감사는 '의무감'이 아니라 '진심으로 우러나는' 마음으로 변화하기 시작한다. 진심 어린 감사의 한마디는 그 어떤 설교보다 강력하다. 그 말은 단순한 말이 아니다. 하나님의 은혜가 흐르는 통로이다.

식탁에서 피어난 감사의 언어

가족들은 매일 식사 시간마다 '오늘 하루 감사한 일 한 가지씩 나누기'를 실천하기로 한다. 처음엔 어색하다. 무엇을 말해야 할지 몰라 긴 침묵이 흐르기도 한다. 하지만 어느 날, 누군가 조용히 입을 연다.

"엄마가 아침에 해준 반찬, 너무 맛있었어요."

"아빠가 웃으면서 다녀오라고 해줘서 기분이 좋았어."

"오늘은 그냥, 가족이 함께 있어서 감사했어요."

그 말들이 하나둘 식탁 위에 놓이기 시작하자, 보이지 않던 벽이 허물어지고, 가정의 공기가 달라지기 시작한다. 예전엔 휴대폰을 내려놓지 않던 아이가 눈을 맞추기 시작했고, 엄마의 잔소리는 감사의 미소로 바뀐다.

감사는 그렇게, 말의 분위기를 바꾸고 가정의 중심 온도를 바꾸었다. 하루 한마니 감사는 가족을 다시 하나로 묶는 사랑의 언어가 된다.

감사의 말, 공동체를 바꾸는 힘

말은 분위기를 바꾸고 감정을 이끄는 강력한 도구이다. "짜증나!" 이 한마디면 순식간에 분위기를 얼어붙게 만들 수 있다. 그러나 그 냉기가 얼마나 오래 머무를지는 아무도 모른다. 반대로 "감사해!"라는 말은 마음속 깊은 곳에서 고마움의 이유들을 끊임없이 불러일으키고, 침체된 감정을 서서히 밝고 따뜻한 쪽으로 이끈다. 말은 감정의 나침반일 뿐 아니라 우리가 나아가야 할 길을 비추는 등대와 같다.

말이 먼저 흐르고, 감정은 그 뒤를 필연적으로 따라온다. 감사는 단순히 기분이 좋아져서 하는 표현이 아니다. 감사는 우리가 의지적으로 선택하는 삶의 강력한 '방향키'이다. 이 방향키를 어디로 돌리느냐에 따라, 우리 삶의 항해는 물론, 공동체의 기상도까지 완전히 달라진다. 감사의 말 한마디가 어두운 터널 속에서 빛을 발견하게 하고, 절망의 파고 속에서 희망의 돛을 올리게 하는 것이다.

영혼을 치유하는 '감사약'의 기적

존 다이아몬드 박사는 "신이 인간에게 준 가장 소중한 선물 중의 하나는 언어를 활용할 수 있는 능력이다."라고 말한다. 그는 부정적인 자극이나 메시지를 계속해서 접하면 두뇌에서 미세한 인식의 차이가 발생하여 신체의 신호가 나쁘게 바뀌고, 긍정적인 자극의 메시지를 계속 접하면 신체의 신호가 긍정적으로 바뀌게 된다고 강조한다.

그렇다. 부정적인 말의 자극은 신체에 나쁜 신호로 바뀌지만, 긍정적인 말의 자극은 신체를 좋은 신호로 바뀌게 하는 것이다.

실제 한 한의사의 '말의 처방' 사례는 이를 명확히 보여준다. 말의 힘을 잘 아는 한 의사가 환자에게 약의 처방 대신 '말의 처방'을 내렸다고 한다. 그는 환자에게 매 시간마다 적어도 한 번씩은 다음과 같은 말을 자신에게 선포하라고 했다. "내 몸 구석구석이 매일 좋아지고 있습니다." 매 시간마다 자신에게 자신이 주는 '말의 보약'을 먹이게 했던 것이다. 그런데 놀라운 결과가 나타났다.

"내 몸 구석구석이 매일 좋아지고 있어."라고 매 시간마다 자신에게 자신이 주는 '말의 보약'을 먹었던 그 환자는, 그냥 약 처방을 받아 치료받은 다른 의사의 환자들보다 확연하게 더 빨리 치료되고 회복되었다는 것이다.

그렇다. 자신의 말로 인해 자신이 치료받는 것이다. 자신의 말이 자신에게 '최고의 보약'이 되어 자신을 치료하는 말의 능력이 그대로 이루어지는 믿음의 현장이다.

이처럼 말에는 영혼과 육체를 치유하는 놀라운 힘이 있다. 이제 우리도 이 치유의 언어를 매일의 삶에 적용할 때이다. 당신의 영혼과 삶을 회복시킬 가장 강력한 '감사약' 처방전을 소개한다.

[감사약 처방] 매일 '감사합니다'를 100번 이상 선포하기

- 아침: 눈을 뜨자마자 잠자리에서 오늘 주어진 모든 것에 대해 "감사합니다"를 속으로, 또는 소리 내어 10번 이상

말한다.
- **일상 중**: 걷거나, 일하거나, 사람들과 대화할 때 문득 떠오르는 작은 감사거리에도 **"감사합니다"**를 마음속으로 되뇌거나, 자연스럽게 표현한다.
- **자기 전**: 잠들기 전 오늘 하루 있었던 모든 일, 심지어 어려움 속에서도 발견할 수 있는 감사의 이유를 찾아서 **"감사합니다"**를 20번 이상 반복하며 하루를 마무리한다.
- **위급 시**: 마음이 불안하거나, 부정적인 감정이 밀려올 때, 즉시 **"감사합니다"**를 큰 소리로 반복하여 선포한다. 이는 영적인 면역력을 높이는 가장 빠른 길이다.

처음에는 어색하고 억지 같을 수 있다. 그러나 꾸준히 복용하다 보면, 어느새 마음 깊은 곳에서 진정한 감사의 샘이 솟아나고, 당신의 삶 전체가 변화하는 기적을 경험하게 될 것이다. **감사합니다! 이 한마디가 당신의 삶을 치유하는 최고의 약이 될 것이다.**

교회 안에 피어난 감사의 바람

'감사학교'가 시작되면서, 교회 안에 조용하지만 의미 있는 변화가 감지된다. 한때 당연하게 여겨졌던 봉사와 헌신에 감사의 말이 조심스럽게 더해지기 시작한다.

"주일마다 안내해 주셔서 감사합니다."
"오늘 찬양이 정말 은혜로웠어요."
"늘 아이들을 섬겨주셔서 감사해요."

이 작은 말들이 예배의 공기, 교제의 온도, 기도의 분위기를 조용히, 그러나 분명하게 변화시키기 시작한다. 감사의 말은 교회 안의 보이지 않던 벽을 무너뜨린다. 이전에는 멀게만 느껴졌던 관계들이 가까워지고, 서로를 바라보는 시선이 근본적으로 달라진다.

감사는 단순한 감정 표현이 아니다. 그것은 **마음을 연결하는 보이지 않는 다리이며, 무너진 관계를 다시 잇는 회복의 언어**이다. 감사는 관계의 핵심 연결고리이며, 공동체를 살리는 생명력 있는 말이다. 감사의 말 한마디가 얼어붙은 분위기를 녹이고, 지쳐 있던 마음을 깨운다. **감사는 분위기를 바꾸는 말이 아니라, 사람을 살리고 공동체를 세우는 복음의 통로이다.**

감사는 영혼을 일깨우고, 공동체를 소생시킨다

"범사에 감사하라.

이는 그리스도 예수 안에서 너희를 향하신

하나님의 뜻이니라."

— 데살로니가전서 5장 18절 —

감사는 단순한 긍정의 말이 아니다. 오히려 영혼의 가장 깊은 곳을 열어젖히고, 하나님과 끊어졌던 연결을 다시 이어주는 신앙 회복의 근본적인 열쇠이다.

어느 성도는 감사학교를 마친 후 이렇게 고백한다. "하나님께 감사할 것들을 하나씩 떠올리다 보니, 눈물이 멈추지 않더군요. 그 순간, 제 신앙에 새로운 생명력이 불어넣어졌어요."

감사의 말이 입 밖으로 흘러나오자, 그동안 닫혀 있던 마음의 문이 활짝 열리고, 잊고 있던 하나님과의 관계가 생생하게 되살아난다.

> "감사는 기억의 정원사다.
> 그것은 영혼의 망각을 꺾고
> 다시 은혜를 바라보게 만든다."
> — 다이앤 버틀러 배스, 《Grateful》 —

감사는 무너진 믿음에 생명의 숨결을 불어넣고, 식어버린 영혼에 뜨거운 불씨를 지핀다. 그리고 이 놀라운 변화는 한 사람에게만 머물지 않는다. 감사의 말은 전염되는 생명력 그 자체이다. 한 사람의 진심 어린 감사가 또 다른 사람의 감사를 연쇄적으로 불러일으키고, 그 감동은 교회 전체를 환하게 밝힌다.

📊 심리학적 데이터가 증명하는 감사의 힘

미국 UC 데이비스의 심리학자 로버트 에몬스 박사의 연구에 따르면, 감사 일기를 쓴 사람들은 10주 후, 삶의 만족도와 면역력, 수면의 질, 대인 관계가 모두 향상되었다고 한다. 감사는 개인의 감정적 웰빙뿐 아니라 공동체 건강에도 유익한 변화를 일으키는 것이다.

감사는 공동체의 분위기를 바꾸는 영적 기류이다. 그 한마디가 무너졌던 관계에 회복의 불꽃을 지피는 첫 신호가 된다.

 **마무리 체크리스트**

"감사는 닫힌 마음의 문을 열고, 잠든 영혼을 깨우는 하나님께서 주신 가장 강력한 마스터키입니다."

4장 '선한 양들의 감사학교'를 통해 우리는 감사가 단순한 감정을 넘어 삶의 모든 영역을 변화시키는 기적의 언어임을 확인했다. 이제 이 감사의 능력을 당신의 삶에 적용하기 위한 시간을 가져보자. 아래 질문들을 통해 오늘 당신의 하루를 되짚어보고, 감사의 능력을 더욱 깊이 경험하는 계기가 되기를 바란다.

1. 오늘 내게 가장 감사했던 순간은 언제였을까? 그 순간을 떠올리며 어떤 감사를 표현할 수 있을까?

2. 오늘 누구에게 진심으로 '고맙다'고 말했나? 만약 말하지 못했다면, 지금이라도 감사의 마음을 전할 사람은 누구인가?

3. 만약 내가 가정, 교회, 그리고 공동체에서 먼저 감사를 표현한다면, 어떤 놀라운 변화가 찾아올 수 있을까? 그 변화를 기대하며 어떤 감사의 고백을 시작할 수 있을까?

우리는 감사를 통해 이미 놀라운 변화의 씨앗을 뿌렸다. 이 씨앗이 어떻게 열매를 맺고, 우리의 삶 속에서 더욱 풍성한 생명의 역사를 만들어갈지 다음 장에서 함께 경험하게 될 것이다. 말씀으로 삶을 창조하신 하나님의 지혜가 우리의 입술을 통해 어떻게 세상을 변화시키는지, 그 다음 여정 속에서 더 깊은 은혜를 나누기를 기대한다.

제5장

감사학교 이후 일어난 기적

"감사의 말은 단순한 말이 아니었다.
그것은 삶을 일으키는 놀라운 기적이었다."

"감사하는 마음을 훈련하면 모든 것이 기적으로 바뀐다."
— 파울로 코엘료 (Paulo Coelho) —

"감사의 말은 단순한 말이 아니었다.
그것은 삶을 일으키는 놀라운 기적이었다."
12주간의 감사학교를 마무리할 즈음, 우리는 한 과정을 마쳤다고 생각한다. 그러나 진정한 변화는 바로 그때부터 시작된다. 한마디 "감사해요"가 한 가정의 분위기를 근본적으로 바꾸고, 한 사람의 따뜻한 말투가 교회 공동체에 새로운 온기를 불어넣었다.

감사는 단순한 감정 표현이 아니라,
삶 전체에 생명력을 불어넣는 강력한 언어였다.
이제 우리는 아홉 편의 감동적인 간증을 통해 '말이 어떻게 사람을 소생시키는가?'를 목격하게 된다. 이는 평범한 경험담이 아니다. 복음이 살아 움직이는 생생한 증언이며, 선한 양들의 언어가 만들어낸 기적의 기록이다.

조○식 집사의 이야기:
말끝마다 욕이 붙었던 나를 살린 감사

감사학교가 시작된 지 두 주쯤 되었을 때였다. 그날도 여느 때처럼 소그룹 나눔 시간이 진행되고 있었다. 조용히 고개를 숙이고 있던 한 성도가 천천히 손을 들었다.

"사실… 저는요, 말끝마다 거친 말이 습관처럼 붙어 다녔어요. '이게 뭐야, X같이!', '아! XX 짜증나!' 그런 말이 자연스럽게 입에 붙어 있었죠. 그렇게 말해야 제 감정이 풀리는 줄 알았고, 사람들이 저를 무시하지 않는다고 믿었어요."

그는 잠시 말을 멈춘다. 손끝이 떨렸고, 눈시울이 붉어진다. 그러고는 쓴웃음을 지으며 이렇게 덧붙인다.

"그런데, 감사학교 다니고 나서 처음으로 제 말을 돌아봤어요. 아, 내가 매일 이렇게 날카로운 말로 나 자신을 상처내고 있었구나. 가족들도, 친구들도… 늘 내 말에 찔리고 있었겠구나."

그의 이야기에 주변이 조용해진다. 모두가 귀 기울이며, 가슴으로 그의 말에 공감하고 있었다. 그는 말을 이어간다.

"제가 선한 양들의 언어를 사용하니, 처음엔 주변에서 비웃었어요. '야, 너 며칠이나 그렇게 살겠냐?', '다시 돌아오겠지 뭐.' 그런데요…. 한 세 달쯤 지나고 나니까 친구들이 달라졌어요. 어느 날, 술자리에서 한 친구가 그러더라고요. '야, 너 진짜 보기 좋아졌다. 계속 그렇게 살아. 멋있다.' 그 순간… 아, 내가 진짜 변했구나 싶었어요."

그는 고개 숙여 조용히 웃는다. 자랑이 아닌 담담한 고백이다. 감사 한마디가 자신을 살리고, 그 변화가 사람들의 시선을 바꾸었다는 이야기이다. 그 고백은 곧 공동체 전체의 울림이 된다. 감사의 말이 한 사람의 삶과 공동체의 분위기를 조용히 바꾼다는 것을 이제 모두가 확신하는 것이다.

감사는 나를 향한 비난의 칼을 거두고, 관계를 회복시키는 첫걸음이다.

김○숙 집사의 이야기:
비난의 벽을 허물고 다시 아내가 되다

저는 결혼생활 15년 동안, 남편과의 관계에 늘 마음의 벽을 쌓고 살았습니다. 서로에 대한 기대는 비난이 되었고, 식탁에는 밥만 있을 뿐 대화는 없었습니다. 깊은 침묵 속에서, 저는 '이혼'이라는 단어를 마음에 품고 살았습니다.

그러던 중, 하나님의 은혜로 '선한 양들의 감사학교'에 참여하게 되었습니다. 첫 수업을 들으며, 그동안 남편을 늘 가해자라고만 여겼던 제 자신을 돌아보게 되었습니다. 내 안에 감사는 없었고, 비난과 오해의 말이 가정을 병들게 했다는 사실을 그제야 비로소 깨달았습니다. 그 자리에서 저는 눈물을 흘렸습니다.

그때부터 변화하기 시작했습니다. 식탁에 앉아 조심스럽게 먼저 말을 건넸습니다. 서툴고 어색했지만, 작은 따뜻한 인사로 기적의 씨앗이 심어졌습니다.

'선한 양들의 감사학교'에서 남편의 조용한 배려와 사랑이 진정한 사랑의 표현이었음을 뒤늦게 깨닫게 되었습니다. 그 모든 것에 감사하지 못했던 스스로가 너무나 부끄러웠습니다.

이제 저는 분명히 고백할 수 있습니다. 남편은 내게 주신 소중한 선물입니다. 저를 다시 사랑하게 하신 하나님께 진심으로 감사드립니다. 저는 다시 참된 아내로, 남편을 사랑하는 사람으로 거듭났습니다.

감사는 비난의 벽을 허물고, 잊었던 사랑의 진심을 깨닫게 하는 회복의 열쇠이다.

고○준 청년과 어머니의 이야기:
파괴적인 말에서 회복의 말로

예배 후, 새 성도가 조심스럽게 다가와 말한다.
"목사님, 저 집사님 보면 정말 대단해 보여요.
그분의 믿음이 얼굴에서 그대로 느껴져요."
나는 그의 말을 듣고 감사했다.

이토록 놀라운 변화를 이룬 주인공은
바로 고○준 청년이다.
그의 삶은 한때 절망뿐이었다.
그의 과거를 생각하면 마음이 아프다.
그런데 이런 청년이 놀랍게 변한 것이다.

저와 어머니의 대화는 언제나 폭풍 같았습니다.
어머니께서는 울분을 터뜨리며 소리치셨지요.
"넌 왜 그렇게 사니!

차라리 집을 나가버려라!"
저 역시 참았던 분노를 터뜨리며 맞받아쳤습니다.
"그럼 어머니가 나가시든지요!"
그렇게 서로를 향해 날선 말만 쏟아내고,
집 안은 한동안 무거운 침묵에 잠겼습니다.
하지만 그 침묵조차 평화가 아니었지요.
말이 멎은 자리, 그곳엔 상처와 분노만이
조용히 쌓여갔습니다.
저는 어머니께서 다니시는 교회까지 미워했습니다.
복음을 비웃고, 기도 소리에 욕을 섞으며,
담배와 거친 말로 제 마음을 더 굳게 닫았습니다.
그렇게 반항하고 세상을 떠돌며
마음껏 어두운 길을 걸었지만,
돌아오는 것은 점점 깊어지는 공허함뿐이었습니다.
무엇보다도 어머니와의 관계는 상처와 오해로
이미 회복할 수 없을 만큼 무너져 있었습니다.
그러다 목사님의 권유로
'선한 양들의 감사학교'를 찾게 되었습니다.
그곳에서 저는 처음 깨달았습니다.

내 말 한마디가 누군가를 살릴 수도,

무너뜨릴 수도 있다는 것.

그 사실 앞에 마음이 떨렸지요.

오랜 망설임 끝에 저는 어머니 앞에 섰습니다.

진심을 담아 처음으로 용기를 내어 말씀드렸습니다.

"어머니, 그동안 제가 너무 무례하게

말씀드려 정말 죄송해요.

저를 용서해 주세요."

어머니께서는 한동안 아무 말씀도 하지 않으셨습니다.

그러다 눈시울을 붉히며 조용히 말씀하셨지요.

"너한테 이런 말을 들을 줄은 몰랐네. 정말 고맙다."

그 순간, 저는 분명히 알았습니다.

하나님께서 우리 곁에 살아 계신다는 것을.

'선한 양들의 언어' 그 한마디가 제 인생을 완전히 바꾸고,

어머니께는 가장 소중한 선물이 되었습니다.

말의 훈련은 곧 복음의 훈련이다.

한 사람의 언어가 바뀌면, 한 가정이 살아난다.

○○누나의 이야기:
상처 주던 입술이 위로의 통로가 되다

그녀의 목소리는 늘 크고, 날이 서 있었다. 조용하고 따뜻한 대화는 좀처럼 불가능했다. 자녀들과의 연락은 끊겼고, 형제들과는 만날 때마다 언쟁이 오가곤 했다. 교회 안에서도 사람들은 그녀를 피해 멀리했다.

그녀의 말은 농담처럼 시작되었으나, 듣는 이의 마음을 깊이 찔렀다.

"왜 이렇게 뚱뚱해요?"

"살 좀 빼야겠네~!"

"저렇게 악한 사람이 교회에 왜 나왔대요?"

이런 말은 결코 가볍게 넘길 수 없었다. 사람들은 상처를 받았고, 결국 몇몇은 교회를 떠나게 되었다.

그녀는 알지 못했다. 자신의 한마디 한마디가 얼마나 많은 사람을 아프게 했는지. 그 모든 말은, 마음 깊은 곳에 쌓인 분노와 아픔이 흘러나온 결과였다. 그러나 하나님은 그런 그녀조차 포기하지 않으셨다. 공동체가 '선한 양들의 언어'를 배우기 시작했을 때, 그녀 역시 자신의 말과 마음을 깊이 돌아보게 된다.

어느 날, 오랜만에 지방에서 온 그녀의 동생 부부가 예배에 참석했다. 예배 후, 동생은 조심스럽게 내게 다가와 말했다.

"목사님… 저희 누님이 이렇게 변할 줄 몰랐어요. 정말 무서운 사람이었거든요. 그런데 요즘은 말투가 믿을 수 없을 만큼 부드러워졌어요. 눈빛도 달라졌고요."

동생은 손수건으로 눈물을 훔쳤다.

"도저히 눈물을 참을 수 없어 밖에서 울고 들어왔어요."

사람들을 사정없이 찌르던 그녀의 거친 말투는 어느새 사라졌다. 깊이 생각한 후, 따뜻한 말을 건네는 사람이 된 것이다.

예진에는 야단치고 소란스럽던 가족이 이제는 함께 예배드리며 서로를 위로하고 이해하는 가족으로 변화했다. 말이 바뀌자 관계가 살아났고, 사람이 바뀌자 영혼이 살아난 것이다.

그녀는 더 이상 상대의 약점을 공격하지 않는다. 비난 대신 위로, 지적 대신 배려, 공격 대신 따뜻한 말을 전하는 사람이 되었다. 이것은 단순한 감정의 변화가 아니다. 말이 바뀌자 삶이 바뀌는, 이것이 바로 하나님의 기적이다.

말은 단순한 소리가 아니라 내면의 거울이다.
말이 바뀌면 관계가 회복되고, 영혼이 살아난다.

박○자 성도의 이야기:
누군가 건네준 한마디 생명의 말

"너, 왜 이렇게 밝아졌니?"

"너 정말 많이 달라졌구나!"

고등학교 때 친구가 내 카카오톡 프로필 사진을 보고 보낸 메시지였다.

"이렇게 밝아진 네 모습이 얼마나 아름다운지 몰랐니?"

그 말을 읽는 순간, 내 마음 깊숙이 감동이 밀려왔다. 분명히, 내 안에 무언가 변화하고 있음을 느꼈다. 나는 이전보다 더 자주 웃고, 말투와 표정, 눈빛마저 달라져 있었다. 나는 깨닫는다. 사람은 듣는 말의 에너지로 얼굴을 변화시키고, 내뱉는 말의 영성으로 내면을 형성해간다는 사실을 말이다.

나는 선한 양들의 언어를 훈련하며 말이 얼마나 깊고 강력한 힘을 지녔는지 직접 체험했다. 그것은 단순한 언어의 기술이 아니었다. 그것은 곧 하나님의 사랑이 담긴 선물이었다. 그 사랑이 내 안으로 흘러들자 나의 경직되었던 얼굴이 부드러워지고, 꽁꽁 닫혔던 마음의 문이 조금씩 열리기 시작했다.

지금도 나는 물질적으로는 여전히 어려움이 많고, 몸도 아프고, 고독 속에서 눈물 흘리고 싶은 날도 많다. 하지만 그럴 때마다, 누군가가 건네준 한마디 생명의 말이 내 영혼에 은혜의 숨결로 다가왔다.

"너는 혼자가 아니야."

"하나님은 너를 절대 포기하지 않으셔."

"지금도 충분히 잘하고 있어."

이 말들은 빛 그 자체였다. 내 안의 어둠을 몰아내고, 무너져 있던 삶을 다시 일으켜 세우는 생명의 빛.

이제 나는 확신한다. 선한 양들의 언어는 얼굴을 밝히고, 마음을 치유하며, 하나님의 사랑을 이 땅에 흘려보내는 소중한 통로라는 것을 말이다.

한마디 생명의 말은 어둠을 몰아내는 빛이며, 절망 속에서도 삶을 다시 일으켜 세우는 힘이다.

이○자 성도의 이야기:
무너진 가정을 다시 살리는 힘

한 성도는 자녀에게서 전화가 올 때마다 표정이 어두워졌다. 이혼과 다툼, 서운함이 그림자처럼 따라다녔다. 사흘이 멀다 하고 들려오는 이혼 소식에, 전화를 끊을 때마다 어깨가 무너지고 가슴이 아팠다.

다른 자녀 또한 10년 전 이혼했고, 그 가정 역시 여전히 갈등의 소용돌이 속에 있었다. 성도의 마음은 깊은 한숨과 눈물로 가득했다.

나는 조심스럽게 제안했다.

"성도님, 저와 함께 지방에 내려가 자녀들을 직접 만나 보시는 건 어떨까요?"

함께 먼 길을 내려가 나는 자녀들의 손에 《다섯 가지 사랑의 언어》 책을 한 권씩 건넸다. 그리고 며느님께 진심을 담아 전했다.

"그동안 얼마나 힘드셨겠어요. 그토록 인내하며 견디신

모습이 정말 존경스럽습니다."

위기에 처한 가정을 위해 함께 눈물로 기도하고 돌아온 길, 며칠 뒤 나는 성도께 또 한 번 말했다.

"성도님, 대화할 때 '왜 그러니?'라는 말 대신 생명을 불어넣는 말을 건네보세요. '우리 아들, 힘들지? 잘될 거야. 너무 걱정하지 마. 엄마한테는 우리 아들이 최고야. 하나님께서 꼭 도와주실 거야. 함께 기도하자.'처럼요."

성도는 그날부터 매일 자녀의 가정을 위해 기도하며 축복의 말을 전했다. 얼마 후, 성도는 눈시울을 붉히며 내게 고백했다.

"목사님, 우리 아들이 이렇게 말했어요. '엄마, 요즘 우리 부부는 정말 달라졌어요. 실수해도 서로 따뜻하게 웃으며 대화해요. 예전엔 잘못만 지적했는데, 이젠 서로 친절하게 이해해 주니 다툼이 사라졌어요.'라고 말이에요."

아들의 고백을 전하는 성도의 얼굴에는 기쁨과 감격이 가득했다. '선한 양들의 언어'가 그 가정에 다시 흐르기 시작한 것이다.

그리고 며칠 뒤, 또 한 번의 기적 같은 소식이 전해졌다. 10년 전 이혼했던 자녀가 마침내 가정으로 다시 돌아갔다는 이야기였다. 깊은 상처와 오해의 벽을 넘어, 하나님의 은혜가 무너진 관계를 다시 잇고 있었다.

말이 달라지자 마음이 열렸고, 마음이 변하자 사람과 가정이 살아났다. 이것이 '선한 양들의 언어'가 만드는 기적이다.

한마디 생명의 언어가 닫힌 마음을 열고, 상처 난 관계를 따뜻하게 감싼다. 어둡던 내일에도 다시 빛이 비춘다. 진심 어린 기도와 함께 심겨진 하나님의 말씀은 반드시 사랑의 열매로 맺힌다. 그리고 그 열매는 마침내 그 가정 안에 웃음과 평안으로 머무르게 되는 것이다.

한마디 생명의 말은 닫힌 마음을 열고, 상처 난 관계를 감싸며, 무너진 가정을 다시 잇는 하나님의 통로이다.

찬이의 이야기:
한마디 말이 한 아이를 살리다

한마디 말로 웃음을 되찾다

"목사님, 저 기억하세요?"
나는 웃으며 대답했다.
"그럼! 기억하지. 너, 찬이잖아."

찬이와의 첫 만남은 작은 개천가에서였다. 그 후로 찬이는 학교가 끝나면 늘 교회로 발걸음을 옮겼다. 마음 한구석에 무거운 짐을 안고 있던 중학생 찬이는 교회에서 위로를 찾고 싶어했다.
어느 날, 찬이가 힘없이 말했다.
"목사님, 요즘 너무 힘들어요… 나쁜 생각도 했어요."
나는 찬이의 눈을 바라보며 조용히 말했다.
"찬이야, 넌 하나님이 정말 사랑하시는 아이란다. 반드시 훌륭한 사람이 될 거야."

이 한마디가 아이의 마음을 열었다. 찬이의 표정이 점점 밝아지기 시작했다. 마음이 회복되니, 학교생활도 달라졌다. 외톨이 같았던 찬이 곁에 친구들이 다가왔고, 어느 날은 친구들 앞에서 기쁘게 찬양까지 불렀다.

"여기에 모인 우리, 주의 은총 받은 자여라~ 🎵"

찬이는 감사 인사를 잊지 않는 아이로 자라났다. 선생님에게 사랑받고, 친구에게 신뢰받는 아이가 된 것이다. 격려의 한마디, 축복의 말 한 줄이 한 아이의 삶을 변화시키고, 다시 웃음을 되찾게 한 것이다.

부모에게 사랑의 약을 전하다

나는 어느 날 찬이에게 부탁했다.

"찬이야, 부모님께도 '선한 양들의 언어'를 전해 보자. 엄마께는 '아빠가 엄마를 많이 사랑하세요.' 아빠께는 '엄마가 아빠를 많이 생각하세요.' 그렇게 말해보렴."

찬이는 망설이며 말했다.

"목사님, 그건… 거짓말인데요."

나는 미소를 지으며 답했다.

"아니야, 찬이야. 너희 부모님은 사랑해서 결혼하셨어. 그 사랑은 지금도 마음 어딘가 남아 있단다. 이 말은 거짓이 아니야. 사랑을 깨우는 선한 양들의 언어, 사랑의 약이지."

그리고 나는 찬이에게 숙제를 주었다.

"엄마, 아빠께 '우리 엄마 최고예요.' '조금만 견디세요, 제가 곁에 있어요.' 이렇게 말하고 꼭 안아드려 보렴."

찬이는 쑥스러워하며 말했다.

"목사님, 그 말은 오글거려서 못하겠어요…"

그러나 찬이는 용기를 내어 '선한 양들의 언어'를 실천하기 시작했다.

얼마 지나지 않아 찬이의 얼굴에 밝은 웃음이 번지기 시작했다. 집에서도, 학교에서도 찬이는 싱글벙글 웃는 아이가 되었다. 어느 날, 찬이는 환하게 웃으며 말했다.

"목사님, 저희 부모님께 사랑의 약을 드릴게요! 전화로 하루 세 번씩 드려야겠어요!"

나는 웃으며 말했다.

"그래, 고맙다 찬이야~."

그 후 놀라운 변화가 찾아왔다. 찬이의 부모님이 달라지기 시작했다. 며칠 후, 어머니에게서 전화가 왔다.

"목사님, 우리 찬이가 정말 많이 달라졌어요. 정말 감사해요."

그 목소리에는 놀라움과 감격이 담겨 있었다. 찬이의 언어가 부모의 마음을 열었고, 가정이 회복되기 시작한 것이다. 어머니는 교회로 찾아와 눈시울을 붉히며 말했다.

"정말… 진심으로 감사해요."

그리고 한참 후, 다시 한번 같은 말을 되뇌었다.

"정말… 감사해요."

그 말에는 쌓인 눈물, 응답받은 기도, 회복된 사랑이 담겨 있었다. 어머니는 말을 이었다.

"이제 찬이의 말이 너무 따뜻하고 이해심이 깊어졌어요 찬이의 말에 제가 큰 위로를 받고 있어요. 우리 아들이 이렇게 자랐다니…, 정말 믿기지 않아요."

찬이는 지금 신학교 진학을 준비하며 하나님의 사람으로 커가고 있다. 한마디의 '선한 양들의 언어'가 한 아이를 살리고, 가정을 회복시키고, 한 명의 주의 종을 세운 것이다. 나는 그 기적의 현장을 직접 눈앞에서 보았다. 그리고 지금, 더 확신한다. 우리의 한마디 안에는 하나님의 생명, 곧 세상을 변화시키는 소망이 담겨 있다는 것을.

한마디의 선한 언어가 한 아이의 영혼을 살리고, 가정을 회복시키며, 다음 세대의 사명자를 키우는 위대한 씨앗이 된다.

철이의 이야기:
무너진 마음에 생명을 입다

철이는 20대 후반의 청년이었다. 늘 어딘가 지쳐 있었고, 세상 모든 무게가 어깨 위에 얹혀 있는 듯했다. 심지어 초등학생에게도 돈을 빼앗길 정도로 한없이 위축되어 있었고, 사람들 앞에서는 고개조차 들지 못한 채 낯선 거리 한편을 외롭게 걷곤 했다.

나는 처음 철이를 만난 순간, 그 눈동자 속에 깃든 짙은 외로움과 상처를 직감적으로 느꼈다. 마치 하나님께서 내 마음에 '이 청년을 꼭 품으라'고 말씀하시는 듯했다.

얼마 지나지 않아, 한 번도 본 적 없는 그의 어머니에게서 다급한 전화가 걸려왔다.

"목사님, 우리철이가 직장에서 해고당했어요…. 목사님들께도 서신 문자를 보냈대요. 그래서 다니던 교회는 더는 못 나가게 됐어요."

지친 어머니의 목소리 너머로 절망과 눈물이 그대로 전해졌다. 철이는 조심스럽게 우리 교회에 발걸음을 옮겼다.

그는 말을 더듬었고, 사람의 시선을 피하며 누군가 다가오기만 해도 크게 소리를 지르거나 거친 말을 내뱉었다. 분노와 두려움이 언어가 되어 자신도, 가족도, 공동체도 상처 입히고 있었다.

나는 매번 철이를 만날 때마다 한결같은 목소리로 선한 양들의 언어를 건넸다.

"철아, 넌 하나님의 사랑받는 아들이야. 반드시 좋아질 거야. 하나님은 너를 통해 아름다운 일을 이루실 거야."

처음엔 그 말이 철이의 가슴에 닿지 않는 듯했다. 하지만 나는 포기하지 않았다. 매일 진심으로 말을 건넸고, 때로는 조용히 철이 옆에 앉아 그의 눈을 바라보며 기다려주었다.

어느 날, 나는 조용히 물었다.

"철아, 왜 새로운 사람만 보면 그렇게 큰 소리로 반응하니?"

철이는 잠시 머뭇거리다 작은 소리로 대답했다.

"나를 보고 기분 나쁘게 생각할까 봐서요. 무서워서 내가 먼저 소리를 지르는 거예요."

나는 철에게 제안했다.

"철아 그럼, 나를 모르는 사람이라고 생각하고 한번 다가와서 인사해 볼래?"

그날부터 우리는 선한 양들의 언어로 작은 훈련을 시작했다. 처음 보는 사람에게 자신을 소개하는 법, 부드럽게 인사하는 법, 존중과 배려로 말하는 법. 철이는 연습할 때마다 어색해하면서도 조금씩 자신감을 되찾아갔다.

그리고 어느 순간, 철이의 내면에서 변화가 시작됐다. 하나님은 마침내 철이에게 새로운 길을 열어주셨다.

이제 철이는 한 복지기관에서 사람들을 따뜻하게 맞이하는 안내 역할을 맡고 있다. 퇴근 시간이 되면 철이의 밝은 목소리가 내 휴대폰에 울려 퍼진다.

"목사님! 오늘도 욕 안 했어요! 예수님이 주신 '선한 양들의 언어'로 살았어요. 오늘도 천국을 이루며 살았어요. 목사님, 사랑해요."

삼십 년 넘게 분노와 두려움에 갇혀 있던 청년이 이제는 웃음을 전하는 사람으로 완전히 달라졌다. 이제 철이의 얼굴에는 더 이상 불안과 상처가 아닌 따스한 평안과 빛이 흐른다.

예배가 끝난 뒤, 철이는 누구보다 밝게 웃으며 자신 있게 전도하고, 기쁨으로 집으로 돌아간다. 철이의 해바라기 같은 환한 얼굴은 오늘도 내게 하나님이 살아 계심을 가장 또렷하게 증언한다. 나는 그 얼굴을 바라보며 마음 깊은 곳에서 새로운 희망과 감동을 느낀다.

선한 언어는 상처 입은 영혼에 심는 희망의 씨앗이다.
그 씨앗은 기적을 싹 틔워 무너진 삶을 회복시키고, 새로운 사명으로 이끈다.

지은 선생님의 이야기:
절망 속에서 진짜 교사의 길을 찾다

"교직 탈출은 지능 순."이라는 말을 처음 들었을 땐 웃음보다 서글픔이 밀려왔다. 교직의 짐은 무거웠고, 교실은 긴장의 연속이었다. 스스로를 패잔병처럼 여기며, 나는 조용히 무너지고 있었다.

결혼도 늦었다. 어린아이를 돌보며 부장교사로 일하는 일상은 하루를 쪼개 살아내는 버거운 현실이었다. 가정도, 교직도 내려놓을 수 없었고 내 마음은 점점 메말라 갔다.

2022년 겨울, 졸업식을 앞두고 북적이던 학교. 그러나 내 마음은 깊은 고립감에 잠겨 있었다. 아이들이 떠난 빈 교실, 책상 위 서류를 멍하니 바라보며 문득 떠오른 생각.

"죽으면… 끝날까?"

두통은 매일같이 찾아왔고, 아이들 앞에서는 의무감으로만 버텼다. 문제 학생을 보면 안타까움보다 분노가 먼저 일었다. 교사라는 이름도, 나라는 존재도 텅 비어 있었다.

그런 나를 하나님은 놓지 않으셨다. 목사님을 통해 나는 '선한 양들의 언어'를 만나게 된다. 내 말이 달라지자 내 마음이 달라졌다. 마음이 달라지자, 내 하루가 달라졌다. 말의 방향을 바꾸었을 뿐인데, 삶의 공기가 따뜻해진 것이다.

2023년, 나는 5학년 담임이 된다. 한 아이가 자주 책상을 던지고, 소리를 질렀다. 훈계는 소용없었다. 그때 떠오른 한마디.

"○○아. 선생님은 네가 좋아."

그날부터, 나는 그 아이를 다시 보기 시작한다. 작은 것도 칭찬하고, 속상한 날에는 먼저 다가가 말을 건넨다. 아이의 눈빛이 변하기 시작한다. 동네에서 마주치면 두 팔 벌려 달려와 안겼다. 분노로 가득하던 얼굴에 이제는 장난기 어린 웃음과 따뜻한 눈빛이 자리한다.

종업식 날. 그 아이는 조심스럽게 다가와 말한다.

"선생님, 고마워요."

눈물이 터진다. 우리는 서로를 안고 함께 울었다. 교직 19년 만에 처음 흘린, 진심과 진심이 맞닿은 눈물. 그 속에서, 나는 교사로서 다시 살아나고 있었다.

수많은 교수 이론, 아동심리학을 배웠다. 하지만 내게 가장 깊은 변화를 만든 것, 그것은 바로 하나님이 주신 '선한 양들의 언어'였다.

나는 이제 확신한다. 한마디 말이 아이의 인생을 바꾸고, 교사의 영혼을 다시 일으킨다는 것을 말이다. 말은 단순한 소리가 아니라, 하나님이 주시는 회복의 통로이다. 지금이라도 이 언어를 알게 해주신 주님께 감사드린다.

절망의 날들도, 회복의 오늘도, 소망의 내일도 주님의 손 안에 있음을 믿는다. 이제야, 진짜 교사의 길이 시작된 것이다. 나는 다시, 서 있다.

선한 언어는 단순한 소통의 도구를 넘어, 절망에 빠진 교사를 다시 일으키고 한 아이의 인생을 변화시키는 하나님의 회복 통로다.

12주간의 감사학교 여정은 우리 모두에게 잊지 못할 감동과 변화를 선사하였다. 감사의 언어는 우리의 마음을 치유하고, 관계를 회복시키며, 때로는 인생의 방향까지 바꾸는 기적이 되었다.

이제 우리는 알게 되었다. 감사는 단순한 감정 표현이 아니라, 삶을 새롭게 하고 이웃의 삶까지 변화시키는 놀라운 힘이라는 사실이다.

하지만 여기서 우리의 여정은 끝나지 않는다. 감사의 언어가 내면을 변화시켰다면, 이제는 그 감사가 행동으로 드러나야 할 때이다. 진정한 기적은 내 안에서 머무는 것이 아니라, 다른 사람을 살리고 세상을 밝히는 섬김으로 이어질 때 완성되는 것이다. 마치 밝은 달이 태양의 빛을 받아 세상을 비추듯, 우리가 받은 사랑과 감사 역시 누군가의 어두운 삶에 따스한 희망이 되어야 한다.

감사에서 시작된 변화가 '섬김'이라는 새로운 언어와 실천으로 어떻게 꽃피울 수 있는지, 가장 낮은 곳에서 만나는 진짜 축복의 이야기가 지금부터 펼쳐질 것이다.

 함께, 섬김의 언어로 피어난 희망의 길로 나아가야 할 때이다.

마무리 체크리스트

"감사는 닫힌 마음의 문을 열고, 잠든 영혼을 깨우는 하나님께서 주신 가장 강력한 마스터키이다."

'선한 양들의 감사학교'를 통해 우리는 감사가 단순한 감정을 넘어 삶의 모든 영역을 변화시키는 기적의 언어임을 확인하였다. 이제 이 감사의 능력을 당신의 삶에 적용하기 위한 시간을 가져보라.
아래 질문들을 통해 오늘 당신의 하루를 되짚어보고, 감사의 능력을 더욱 깊이 경험하는 계기가 되기를 바란다.

- 오늘 내게 가장 감사했던 순간은 언제였나?
- 그 순간을 떠올리며 어떤 감사를 표현할 수 있을까?
- 오늘 누구에게 진심으로 '고맙다'고 말했나?
- 만약 말하지 못했다면, 지금이라도 감사의 마음을 전하고 싶은 사람은 누구인가?
- 만약 내가 가정, 교회, 그리고 공동체에서, 먼저 감사를 표현한다면 어떤 변화가 찾아올까?

제6장

섬김의 언어로 피어난 희망:
가장 낮은 곳에서 만나는 진짜 축복

"해를 많이 바라본 달이 보름달로 온전히 빛나고,
반절만 바라본 달이 반달이 되며,
조금만 바라본 달이 초승달이 된다."

— NASA, 달의 위상과 월식 —

절망의 한가운데서 피어난 소망:
현 대덕한빛교회 담임 김은섭 목사님의 섬김

신학교가 폐교 위기에 처했을 때, 학생들은 깊은 절망과 좌절에 빠져 있었다.

바로 그때 교장 선생님으로 부임하신 김은섭 목사님은 황폐해진 학교와 상처 입은 학생들의 마음을 따뜻하게 품어주셨다. 목사님은 언제나 밝은 미소와 변함없는 마음으로 학생들을 맞이하셨다.

한 사람 한 사람의 이야기에 진심으로 귀 기울이며, 누구보다 깊이 학생들의 아픔을 공감하셨다. 마치 자녀의 미래를 걱정하는 부모처럼, 목사님은 학생들이 세상에 나아가 자신의 빛을 잃지 않도록 든든한 버팀목이 되어주셨다.

특별히
- 우수한 교수진을 초빙해 최고 수준의 교육 환경을 마련해 주셨고,
- '사역 실천' 프로그램을 통해 학생들이 교회와 세상

속에서 자신의 역할을 잘 감당할 수 있도록 아낌없이 지원하셨다.

목사님의 이러한 사랑과 헌신은 시간이 지나도 잊히지 않는 귀중한 선물로 남았다. 나는 목사님의 섬김의 모습을 조용히 지켜보며, 진정 목회자가 성도를 어떻게 사랑하고 섬겨야 하는지 깊이 배울 수 있었다.

말이 아닌 삶으로 보여주신 그 귀감은 내 신앙의 여정에 언제나 밝은 등대가 되어주었다. 목사님의 세심한 배려와 진심 어린 관심은 학생들의 마음에 용기와 위로를 심어주었다.

오늘 내가 목회자의 길을 걷고 있는 것 역시 목사님의 삶을 통해 배웠고 그 발자취를 따랐기 때문이다. 목사님의 말없는 헌신과 따뜻한 사랑은 내게 깊은 가르침이 되었고, 남한산성의 푸른 숲처럼 그 가르침은 내 마음 깊에 새겨져 지금도 내 발걸음을 조용히 이끌고 있다. 이 자리를 빌어 목사님께 마음 깊이 감사의 인사를 전해드린다.

놓쳐서는 안 될 통찰

　김은섭 목사님의 이야기는, 해를 품은 달이 세상을 아름답게 밝히듯 목사님의 섬김의 언어가 절망 속 학생들에게 어떻게 희망의 빛을 피워내는지 보여준다.

　위기의 순간, 학생들의 아픔에 진심으로 공감하며 실질적인 지원을 아끼지 않았던 목사님의 모습은 단순한 도움을 넘어, 한 사람 한 사람의 인생을 근본적으로 변화시키는 힘이 있다.

　예수님의 섬김을 따르는 말과 삶, 그것이야말로 메마른 영혼과 황폐한 현실에 가장 밝은 생명의 빛을 비추는 복임을 다시 한번 깨닫게 한다.

독일 개신교 마리아회 수녀님들:
선한 양들의 언어로 빚어진 평화의 정원

마리아회 수녀님들이 하얀 두건과 수녀복을 곱게 입고 우리 신학교를 방문하셨다. 마치 천사들이 우리 학교에 내려온 것만 같은 느낌이었다.

이분들은 독일 셀비츠에 위치한 1949년 설립된 개신교 마리아회 수도원 공동체 출신이다. 약 120명의 수녀님과 가족들이 함께 살아가는 그곳은 신앙과 사랑이 살아 숨쉬는 울타리, 작은 천국과도 같은 공동체였다.

그날, 수녀님들이 학교에 들어서신 순간 교정 전체가 마치 정성을 다해 가꾼 자연의 정원처럼 고요하고 평화로운 분위기로 물들었다. 수녀님들의 미소와 눈빛 하나하나에는 따스한 햇살 같은 사랑이 고스란히 배어 있었다. 학생들은 수녀님들의 온유함에 자연스레 마음의 문을 열게 되었다.

어느 날, 한 학생이 용기를 내어 물었다.

"수녀님, 원래부터 이렇게 온화하셨나요?"

수녀님은 조용히 미소지으며, 부드러운 목소리로 대답하셨다.

"처음에는 우리도 여러분과 같았습니다. 성급하고, 뾰족뾰족한 성격에 마음이 조급할 때가 많았어요. 하지만 공동체 안에서 서로를 다듬고 기다리며, 감사와 섬김의 언어를 배우고 나누다 보니 조금씩 마음이 온유해졌습니다. 무엇보다 예수님의 말씀을 묵상하면 할수록 저희는 더욱 부드럽고 따뜻한 마음으로 변해갈 수 있었습니다.

공동체에 갈등이 생길 때면 '우리가 이 상황을 함께 어떻게 헤쳐나갈 수 있을까?' 항상 이렇게 서로에게 묻고 대화를 나누었습니다. 감사와 축복이 흐르는 식사 시간, 서로를 향한 공감의 대화 훈련, 따뜻한 피드백과 정직한 나눔이 우리 공동체를 평화의 정원으로 만들어 주었습니다.

우리는 매 순간, 내 욕심보다는 다른 지체의 마음을 먼저 이해하고, 지지하고, 섬기기 위해 애썼습니다."

수녀님의 한마디 한마디는 마치 부드러운 바람처럼 우

리 마음을 감쌌다.

그분들의 밝고 온유한 모습은 마치 달이 햇빛을 품어 보름달이 되듯 우리에게도 은은한 평화의 빛을 남겼다.

놓쳐서는 안 될 통찰

마리아회 수녀님들의 이야기는 선한 양들의 언어가 어떻게 한 공동체를 평화의 정원으로 빚어내는지를 보여주는 살아 있는 증거다. 그 온유함은 타고난 것이 아니라, 예수님의 말씀을 깊이 묵상하고 감사와 섬김의 언어로 서로를 다듬으며 변화되어온 삶의 결과였다. 거친 돌이 깎여 조화로운 정원을 이루듯, 공동체 안에서 서로를 이해하고 섬기려는 언어와 행동은 한 영혼을 변화시키는 것을 넘어, 관계를 치유하고 세상에 따스한 빛을 비추는 하나님의 사랑임을 분명히 보여준다.

칭찬 한마디가 만든 기적:
스피커폰으로 전해진 30년의 결실

"더러는 좋은 땅에 떨어지매 어떤 것은 백 배, 어떤 것은 육십 배, 어떤 것은 삼십 배의 결실을 하였느니라"

— 마태복음 13장 8절 —

설교 수련회가 한창이던 오후, 예상치 못한 전화벨 소리가 정적을 깨뜨렸다. 조용히 전화를 받으니, 수화기 너머로 낯익은 목소리가 들렸다.

"여보세요, ○○○ 선생님 맞으신가요?"

조심스럽게 "네, 누구시죠?"라고 되묻는 내게 따뜻한 한마디가 돌아왔다.

"저, 노량진에서 선생님께 공부를 배웠던 ◇◇ 엄마입니다."

강산이 세 번이나 변한 시간, 30년 만에 걸려온 전화였다. 잊고 지냈던 산동네 시절, 어린 학생과 어머니가 눈앞에 그리듯 떠올랐다.

어머니는 감격에 젖은 목소리로 그날의 사연을 들려주셨다. 거의 꼴등을 면치 못했던 아들이 내 수업을 들으면서 조금씩 변하기 시작했고, 장학생으로 고등학교에 진학한 뒤 결국 대학까지 졸업했다는 것이다. 그 기쁨을 함께 나누고 싶어, 이렇게 용기 내 전화를 걸었다고 했다. 나는 그 감동을 목사님들과 나누고 싶어 스피커폰을 켰다.

어머니의 말은 여기서 멈추지 않았다.

"이제 손녀가 중학생이 됐는데, 공부에 어려움을 겪고 있어요. 방학 동안 선생님께 맡기고 싶어요."

30년이 지나도록 잊지 않고 다시 손녀의 길까지 부탁하는 그 마음에 내 마음도 뭉클해졌다. 전화를 끊자, 목사님들은 "어떻게 그런 기적이 가능했냐?"고 물으셨다.

나는 그때의 기억을 더듬으며 말씀드렸다.

"저는 그 아이가 꼴찌여도, 항상 가능성을 믿었습니다. '넌 잘할 수 있을 거야.' '지금도 충분히 잘하고 있어.' 틀린 문제보다 맞은 한 문제를 먼저 칭찬했습니다. '이렇게 잘

풀었구나, 정말 대단하다!' 늘 자존감을 살리는 말을 아끼지 않았습니다."

그 말들이 단순한 칭찬이 아니라 마치 씨앗에 물을 주고 햇볕을 비추어준 것처럼 그 아이 마음에 생명을 불어넣었음을 나는 30년 만에야 확신할 수 있었다. 그날, 수련회에 모인 목회자들은 전화기 너머 들려온 이야기를 함께 듣고 모두가 깊이 감동했다.

한 사람을 일으키는 말, 한 가정을 세우는 언어, 그리고 다음 세대의 길까지 열어주는 '생명의 언어'의 위력을 우리는 그 자리에서 생생히 체험했다.

지금, 나의 한마디가 씨앗이 된다.
그 씨앗은 언젠가 인생의 열매로 돌아온다.
말은 사라지지 않는다.
복음의 언어는 반드시 열매 맺는다.

놓쳐서는 안 될 통찰

이 이야기는 칭찬 한마디, 즉 '생명의 언어'가 한 사람의 인생을 30년에 걸쳐 어떻게 놀랍게 변화시키고, 심지어 다음 세대까지 영향을 미치는지를 보여주는 기적적인 증거이다. 가능성을 믿고 끊임없이 심어준 긍정적인 말들이 좌절했던 학생의 자존감을 회복시키고, 결국 그를 성공적인 삶으로 이끌었을 뿐 아니라, 이는 다시 그 자녀에게로 이어지는 믿음의 유산이 되었다. 이는 우리가 무심코 던지는 말이 씨앗이 되어 풍성한 결실을 맺고, 한 영혼과 가정을 살리며 복음의 능력을 확장시키는 하나님의 강력한 도구임을 증명한다.

선한 양들의 섬김:
낮은 곳에서 피어나는 진짜 축복

세상은 "더 높이 오르고, 더 많이 소유하라"고 외치며, 그것이 곧 복이라고 말한다. 눈에 보이는 성공과 물질적 풍요만을 좇는 것이 세상의 방식이다.

하지만 예수님께서 우리에게 보여주신 복의 의미는 전혀 다르다. 예수님은 십자가를 지시기 전, 제자들의 발을 직접 씻기셨다. 그 장면은 사랑과 겸손, 자기 비움의 섬김이 무엇인지를 삶으로 보여주신 감동의 순간이었다.

'섬김'이라는 언어로 제자들에게 진정한 복이 무엇인지를 가르쳐 주셨고, 그 섬김의 본이야말로 오늘 우리가 누릴 수 있는 최고의 유산, 곧 예수님이 우리에게 주신 복임을 말씀하셨다.

요한복음 13장 17절에서 "너희가 이것을 알고 행하면 복이 있으리라"고 하신 주님의 말씀처럼, 진정한 복은 단순한 지식이 아니라, 나를 낮추어 타인의 필요를 채우는 '섬김의 삶' 속에서 경험하는 내면의 기쁨과 평안이다.

예수님의 섬김: 참된 행복과 복의 근원이 되다

마가복음 10장 45절 "인자가 온 것은 섬김을 받으려 함이 아니라 도리어 섬기려 하고 자기 목숨을 많은 사람의 대속물로 주려 함이니라."처럼 예수님은 자신을 낮추어 기꺼이 우리를 위해 섬기셨고, 바로 그 길에서 가장 큰 기쁨과 행복을 누리셨다. 그분께서 친히 보여주신 '섬김의 길'은 오늘 우리에게도 참된 기쁨과 만족, 충만한 행복으로 이끄는 참된 복의 길이다.

선한 양들의 삶: 빛과 소금으로 낮은 곳을 향하다

부뚜막의 소금 한 알이 음식에 깊은 맛을 더하듯, 우리 역시 선한 목자이신 예수님의 마음을 품고 세상의 빛과 소금으로 살아가도록 부름받았다. 진정한 그리스도인은 세상이 추구하는 높은 자리와는 다른 길을 택한다. 그 길은 가난하고, 연약하며, 외로운 이웃들을 겸손히 돌보는 낮은 자리로 향하는 것이다. 주님의 사랑을 품고, 선한 양들의 언어로 세상을 살아가는 삶, 이것이야말로 예수님의 제자 된 자의 가장 아름다운 증거다.

섬김이 주는 참된 기쁨과 복

섬김은 곧 복이며, 섬김은 참된 기쁨이다. 진정한 섬김은 우리의 마음을 깊은 기쁨으로 채우고, 삶을 더욱 복되게 하며, 우리를 진정 행복한 사람으로 빚어낸다. 주님께서는 우리가 행하는 지극히 작은 사랑과 섬김조차도 소중히 기억하신다.

마태복음 10장 42절 "또 누구든지 제자의 이름으로 이 작은 자 중 하나에게 냉수 한 그릇이라도 주는 자는 결단코 상을 잃지 아니하리라."처럼 진정한 사랑은 조건 없이, 기꺼이 내어주는 섬김 속에서 아름답게 피어난다. 우리가 먼저 사랑으로 섬김을 행할 때, 그 작은 행위 안에 하늘의 기쁨이 담기며, 우리는 '가장 복 있는 존재'로 세워진다.

바울의 고백, 그리고 우리의 길

예수님의 사랑을 가장 깊이 체험하고 그 삶을 자신의 것으로 온전히 살아낸 인물, 그가 바로 사도 바울이다.

그는 세상의 모든 영광을 배설물처럼 여기고 오직 복음 전파와 섬김의 길을 택했다. 수많은 고난과 역경 가운데서도 **"항상 기뻐하라"**고 담대히 고백할 수 있었던 이유, 그것은 바로 섬김 안에서 진정한 행복을 발견했기 때문이다.

우리 역시 예수님처럼, 또 바울처럼 섬김의 언어로 가장 낮은 자리에서 피어나는 진짜 복과 행복을 누릴 수 있다.

놓쳐서는 안 될 통찰

섬김은 단순히 남을 위한 행위가 아니라, 동시에 우리 자신을 위한 하나님의 은혜의 통로다.

예수님께서 친히 보여주신 그 길, 가장 낮은 곳에서 피어나는 진짜 행복과 기쁨의 길임을 우리는 삶 속에서 늘 기억하며 실천할 때, 참된 만족과 평안을 누리게 된다.

섬김의 언어는 소소한 일상에서 누군가에게 먼저 다가가 진심으로 귀 기울이고, 작은 격려와 따뜻한 위로를 건넬 때 잊혀진 사랑과 희망이 다시 꽃피우는 힘이다. **예수님께서 삶으로 보여주신 모범처럼, 겸손한 마음으로 섬김의 언어를 실천할 때 관계의 벽이 허물어지고, 생명의 기적이 일상에 일어난다.** 이러한 섬김과 생명의 언어가 실제 삶에서 고립된 마음을 열고, 가정과 이웃의 관계를 회복시키는 변화로 이어진다.

 **마무리 체크리스트**

섬김의 언어, 가장 낮은 곳에 피어난 진짜 복

- 오늘 나는 누군가를 위해 조용히 손을 내밀거나 마음을 나눈 순간이 있었는가?
- 나의 언어와 행동이 오늘 누군가에게 작은 위로의 빛, 혹은 용기의 씨앗이 되었는가?
- 가정, 교회, 일터, 공동체에서 내가 먼저 낮은 곳을 찾아가 사랑으로 섬긴다면 어떤 변화가 일어날까?
- 예수님의 섬김처럼, 오늘 내가 가장 작은 자, 연약한 이웃을 위해 실천할 수 있는 구체적인 사랑의 행동에는 어떤 것이 있을까?

제7장

도지사 표창 너머의 상: 생명을 살린 언어의 기적

"주 여호와께서 학사의 혀를 내게 주사,
곤고한 자를 말로 어떻게 도와줄 줄을 알게 하시고…"

— 이사야 50장 4절 —

선한 양들의 언어가 준 경기도지사 표창

하루의 피로가 채 가시기도 전, 전화벨이 울렸다.
"도지사 표창을 받게 되셨습니다."
뜻밖의 말에 한동안 말을 잃었다.
"아니, 이 부족한 사람이요…?"
"그동안 마을을 위해 헌신하신 걸 인정받으신 겁니다. 하나님이 주시는 상이라 생각하세요."

순간, 마음이 복잡해졌다. 목회자로서 당연한 일을 했을 뿐인데, 상이라니. 그 말이 내 안에 쉽게 받아들여지지 않았다. 잠시, 하나님께 여쭈었다.

"주님, 저는 그저 제 가족 돌보듯 이웃을 품었을 뿐인데요."

그때, 주님은 이런 마음을 주셨다.
"상을 받아라. 이제 너의 시역을 세상과 나누어라!"
이 부르심은 내가 받은 상이 단순한 개인적 영광을 넘

어, **'생명의 언어'**인 **'선한 양들의 언어'**를 통해 사람과 가정을 회복시키는 나의 사역을 세상에 알리라는 소명임을 깨닫게 했다.

경기도청 강당에서의 발표는 나의 사역을 세상과 나누는 첫걸음이었다. 150여 명의 청중이 모인 오후, 나는 여덟 명의 발표자 중 일곱 번째 순서였다. 앞선 여섯 분의 발표로 이미 집중력이 흐트러졌음에도, PPT가 켜지고 나의 첫 마디가 시작되자 강당은 순식간에 고요해졌다.

나는 강단에서 단순한 수치나 정책을 넘어서, **'사람을 살리는 언어'**, 즉 **'생명의 언어'**이자 **'선한 양들의 언어'**를 전달했다.

마을을 돌아다니며 만난 폐지를 줍는 어르신들, 공원 벤치의 노인들, 그리고 상처 입은 가정의 청소년들에게서 얻은 생생한 경험을 함께 나누었다. 실제 삶 속에서 이 언어가 어떤 의미 있는 변화를 만들어 냈는지를 세상 앞에 하나씩 증명해 보였다. 지금부터 그 소중한 이야기들을 여러분과 함께 나누고자 한다.

경청, 그 한마디로 피어난 회복의 이야기

"듣는다는 것은 우리 자신을 내어주고
다른 이의 존재를 온전히 받아들이는 것이다."

— 롤로 메이 (Rollo May) —

한 여름날 오후, 무더운 햇볕 아래 동네 공원을 천천히 돌던 중 벤치에 홀로 앉아 계신 한 어르신이 눈에 들어왔다. 양손을 무릎에 얹은 채 고개를 떨군 그 모습은 무엇보다 쓸쓸하고 지쳐 보였다. 나는 조심스레 다가가 인사를 건넸고, 어르신은 놀란 듯 나를 바라보았다.

나는 같은 벤치 끝에 앉아 조용히 **"어르신, 잠시 바람 쐬러 나오셨어요?"** 하고 말을 건넸다.

어르신은 고개를 끄덕이더니 이내 입을 열기 시작하셨다. 그 이야기는 끝이 없었다. 젊은 시절의 꿈, 군 복무 이야기, 처음 장사하던 날의 떨림, 자녀들에 대한 염려, 노년에 찾아온 깊은 외로움까지. 나는 고개를 끄덕이며 단 한 번도 말을 끊지 않았다. 단지 진심으로 귀 기울였고, 그분의 삶을 존중하며 들었다. 이윽고 어르신은 작은 미소를 지으며 말씀하셨다.

"목사님, 아무도 제 이야기를 진심으로 들어주지 않았어요. 그런데 목사님은 끝까지, 온전히 들어주시더라고요."

그날 이후, 어르신의 눈빛은 완전히 달라졌다. 처음엔 공원 구석에서 늘 혼자만 계시던 분이, 이웃들과 인사를 나누고 먼저 말을 건네기 시작하셨다. 그분의 기억은 생명력 있게 피어올랐고, 어린 시절부터 청년 시절, 결혼과 노년에 이르기까지 그 모든 기억이 하나하나 되살아나며 새로운 향기를 뿜어냈다. 이 사건은 경청이 단순한 듣기가 아니라, 존재를 인정하고 사랑을 전하는 생명의 언어임을 보여준다.

박윤희 외(2024) 연구에 따르면, 노인 대상 집단상담 프로그램은 우울감 감소와 자아통합감 향상에 효과가 있었으며, 이는 '진심 어린 경청과 소통'이 만들어낸 변화로 평가된다.

놓쳐서는 안 될 통찰: 경청, 잠자는 생명을 깨우다

그의 고백은 마음의 문이 열리는 순간이었다.
아무 말 없이 귀 기울이자, 희미했던 기억들이 생생히 되살아나는 순간이었다.

말할 수 없던 고통, 향기를 잃다
오랫동안 억눌린 기억과 감정은 누군가에게 들리지 않으면 점차 시들어간다.

진심 어린 경청, 생명을 깨우다
거창한 조언보다 끝까지 들어주는 태도가 생명의 힘이 된다.

경청은 회복의 시작이다
듣는다는 것은 존재를 인정하는 일. 경청은 삶의 향기를 되살리는 '선한 양들의 언어'다.

공원 벤치에서 피어난 이 순간은 생명의 언어가 만든 조용한 기적이었다.

두 팔 하트, 그날의 기적

"인간의 가장 깊은 욕구는
인정받고 감사하게 여겨지는 것이다."
— 윌리엄 제임스 —

사회복지학과 사회복지사 실습때 1년여 가까이 말을 하지 않았다는 어르신을 만났다. 방문 사회복지사는 난감한 표정으로 포기한 듯 말했다.

"목사님, 저 어르신은 아예 말을 안 해요."
"몇 개월째 저러고 계세요."

사회복지사의 조언을 듣고 난 후, 나는 조심스럽게 어르신 곁으로 다가가 부드럽게 말을 걸었다.

"어머니, 어쩜 그렇게 얼굴이 고우세요!"
"어머니, 손은 또 어쩜 이렇게 고우세요!"

진심을 담은 나의 말에 할머니의 입가에 반가운 미소가 번지기 시작했다. 그리고 이내 입을 열어 말을 건네오셨다.

"뭐, 내가 고와요?"

기적이었다. 너무 감사해 어르신의 손을 꼭 잡아드리며 말했다.

"어머니, 어머니는 제 어머니 같으세요."

그리고는 가만히 안아드렸다. 어르신은 말없이 내 품에 안겨 계셨다. 방문을 마치고 돌아 나오는 길, 어르신은 활짝 웃으시며 큰소리로

"사랑해요~!"

하시며 두 팔을 높이 들어 하트를 만들어 보이셨다.

이 사례는 '선한 양들의 언어'가 어떻게 어르신의 내면을 어루만져 감정의 물꼬를 터주고, 막혔던 소통의 통로를 활짝 열어냈는지를 명확히 입증해 주었다.

놓쳐선 안 될 통찰: 침묵을 깨운 한마디

많은 연구에 따르면, 노인 인구의 상당수가 만성적인 외로움과 사회적 고립을 경험한다고 한다. 이는 단순히 혼자 있는 것을 넘어, 정서적 유대감이 결여된 상태를 의미한다. 어르신의 침묵은 바로 이러한 깊은 정서적 단절의 강력한 표현이었을 수 있다.

2023년 미시간대학교의 '국립 건강 노화 설문조사'에 따르면, 50~80세 성인의 약 34%가 외로움을 경험했고, 이는 정신적, 인지적, 신체적 건강에 치명적인 영향을 미치는 것으로 나타났다.

침묵은 들리지 않는 절규와 같다. 1년 넘게 말을 하지 않았다는 것은, 신체적 기능의 문제보다는 '내 이야기를 진심으로 들어줄 사람이 아무도 없다.'는 절망감에서 오는 '선택적 침묵'에 가까울 수 있다. 방문요양보호사가 매일 돌봄을 제공했음에도 말이 없었다는 점은, 표면적인 보살핌을 넘어선 '진정한 관계 맺음'의 부재가 얼마나 인간에게 치명적인지를 보여준다. 형식적인 돌봄만으로는 채워지지 않는, 영혼의 깊은 갈증이었던 것이다.

침묵은 고립의 벽이었다.

단순한 돌봄의 부재가 아니었다. 진심으로 자신의 이야기를 들어줄 사람이 없다는 절망이 쌓아 올린, 외로움의 벽이었다.

인정과 애정, 마음을 여는 열쇠.

"당신은 소중합니다." 한마디와 포옹은 수많은 형식적 돌봄으로 뚫지 못했던 침묵의 벽을 허물었다.

선한 양들의 언어는 마음의 닫힌 문을 연다.

말 없는 세월을 뚫고 나온 어르신의 고백은, 선한 양들의 언어가 지닌 위대한 회복의 능력을 증명한다. 또한 현대 사회의 중요한 문제와 인간 존재의 근본적인 욕구, 그리고 '생명의 언어'가 가진 치유의 힘을 증명한다.

선한 양들의 언어,
딸들과의 관계를 회복시키다

"정성이면 돌에도 꽃이 핀다."

― 우리나라 속담 ―

집 앞 사거리에서 한 어르신이 지팡이에 몸을 겨우 기댄 채 힘겹게 걸어가고 계셨다. 구부정한 허리로 한 걸음씩 내딛는 그 걸음에는 평생 짊어져 온 삶의 무게가 고스란히 실려 있었다. 약봉지를 손에 들고 구슬땀을 흘리며 좀처럼 떼어놓기 힘든 발걸음을 옮기시는 모습은 너무나 안타까웠다.

나는 어르신께 다가가

"어디로 가세요?"

"집이 어디세요?"

"제가 모셔다 드릴게요."

하고 말을 건넸다.

어르신은 나를 휙 돌아보시더니 환한 미소를 지으셨다.

"고마워요. 제가 혼자 걷기 힘들어요."

나는 어르신을 댁까지 모셔다 드렸고, 그 후 매주 한 번씩 찾아뵈었다. 당연히 어르신은 우리 교회에 등록하셨다.

어르신은 자녀들과 오랫동안 연락이 끊긴 채 나라에서 차상위계층으로 겨우겨우 생활하고 계셨다. 어르신의 가장 큰 소망은 더 폭넓은 혜택을 받을 수 있는 기초생활수급자로 전환되는 것이었다.

그러나 동사무소와 구청 복지 담당자들은 자녀들의 재산 때문에 혜택을 줄 수 없다는 답변만 반복했고, 어르신과의 관계는 점차 힘들어졌다.

나 역시 두 기관과의 대화에서 같은 벽에 부딪혔고, 어르신은 그 이유를 도무지 이해하지 못하셨다. 이 문제의 핵심은 단순히 경제적인 것이 아니라, 바로 자녀들과의 단절이었다.

그래서 나는 자녀들과의 대화를 시도했다. 한 자녀와 연락이 닿아 어머니를 찾아뵐 것을 제안했고, 기쁘게도 큰따님이 어머니를 뵈러 와 두 분은 함께 식사를 하셨다. 식사를 마친 큰따님은 내게 이렇게 말씀하셨다.

"목사님, 우리 어머니가 놀랍게 변했어요. 원래는 고맙다는 말 한마디도 않으시던 분인데, 이번에는 저에게 고맙다고 하시고 따뜻한 말씀을 해주셨어요. 정말 감사해요."

어르신께 전했던 생명의 언어, 선한 양들의 언어에 대한 말씀이 열매를 맺은 것이다. 어르신은 따님을 칭찬하고, 격려하며, 축복하는 말로 대화하셨고, 그 후 자녀들과의 소통은 지속적으로 이루어졌다. 가족 간의 삶을 나누는 놀라운 기적이 일어난 것이다.

어느 날, 어르신 댁을 방문했을 때 이전과는 완전히 다른 환한 얼굴로 나를 맞아 주셨다. 이제 생활보호 대상자 혜택을 받지 않아도 된다는 것이다. 남편의 납골당 만기가 되어 대전 현충원에 모시려 동사무소에 찾아가셨더니, 사회복지 직원이 깜짝 놀라며 말했다.

"어머니, 어떻게 이런 소식을 이제야 알려주세요. 어머니는 국가유공자시라 차상위나 기초생활수급자보다 훨씬 더 많은 혜택을 받고 사셨어야 했어요!"

나는 어르신의 말씀을 듣고 놀랍기도 했고, 혜택을 몰라 30년 넘게 고생하셨던 세월이 안타깝기도 했다. 어르신은 그래서 얼굴이 활짝 피셨던 것이다.

자녀들과의 오랜 단절과 혜택을 받기 위한 힘겨운 싸움으로 인해 놓쳤던 경제적 안정을 80이 넘어서야 비로소 되찾게 되신 것이다.

어르신이 겪었던 수십 년간의 경제적 어려움은 단순히 소득 부족 때문이 아니었다. 자녀들과의 오랜 단절과 불화가 그 뿌리였고, 이 갈등이 국가유공자라는 마땅한 권리마저 가로막고 있었다. 해결되지 않는 가족의 벽은 혜택을 향한 모든 노력을 무산시키며, 어르신에게 짊어진 삶의 무게를 더욱 가중시켰다.

하지만, '생명의 언어', '선한 양들의 언어'가 이 절망적인 상황을 뒤바꿨다. 혜택을 얻기 위한 외부적인 '싸움' 대신, 관계의 '화평'을 선택하고 사랑과 격려의 말을 건네자, 닫혔던 자녀의 마음이 열렸다.

이 관계의 회복은 놀라운 결과를 가져왔다. 가족 간의 소통이 다시 이루어지면서, 수십 년간 숨겨져 있던 어르신이 국가유공자라는 사실이 비로소 드러났고, 80이 넘으시야 뒤늦게 가장 높은 수준의 예우와 혜택을 받게 되셨다.

어르신의 환한 얼굴은 생명의 언어가 오랜 단절과 짐 덩이 같았던 어려움을 어떻게 축복으로 변화시켰는지를 증명한다. 이 모든 과정은 단순한 사건이 아니었다. 여기에는 우리가 결코 놓쳐서는 안 될 깊은 통찰이 담겨 있다.

놓쳐선 안 될 통찰: 관계 회복이 열어준 기적

이 어르신의 이야기는 단순한 복지 수급 사례를 넘어, 관계의 힘과 언어의 본질적인 역할에 대한 깊은 통찰을 제공한다.

'싸움'은 벽을 높였다.

어르신은 혜택을 얻기 위해 외부와 힘겨운 '싸움'을 이어갔다. 하지만 자녀들과의 단절이라는 근본적인 문제가 해결되지 않는 한, 외부를 향한 그 어떤 노력도 무의미했다. 말이 무기가 되어 쌓인 관계의 벽은, 필요한 도움마저 가로막는 견고한 장애물이 되었던 것이다.

'생명의 언어', 닫힌 마음을 녹이다

절망적인 상황을 바꾼 것은 '외부와의 싸움'이 아닌, '내부 관계의 화평'이었다. 따뜻한 칭찬, 격려, 축복이라는 '생명의 언어'가 자녀를 향해 건네지자, 오랜 세월 얼어붙었던 마음의 문이 녹아내렸다. 이는 갈등의 해결이 아니라 관계의 회복이 모든 문제 해결의 실마리가 됨을 보여준다.

회복된 관계, 숨겨진 축복을 드러내다.

가장 놀라운 점은 국가유공자 혜택이 자녀와의 관계 회복 후에야 드러났다는 것이다. 수십 년간 몰랐던 권리가 가족 간의 소통 재개와 함께 자연스럽게 밝혀진 것은 우연이 아니다. '선한 양들의 언어'를 통해 이룩된 내면의 평화와 회복된 관계가 외부의 닫힌 문을 열고, 오랫동안 놓치고 있던 축복을 가져다주는 기적을 만들어낸 것이다.

이 이야기는 우리에게 깊은 깨달음을 준다. 때로는 가장 복잡한 문제의 해답이 가장 기본적인 '관계'에 있음을, 그리고 진정한 '생명의 언어'는 사람과 사람 사이의 벽을 허물고, 숨겨진 삶의 축복까지 끌어내는 위대한 힘을 가졌다는 것을.

상보다 귀한 순간들: 생명의 언어로 되살아난 삶

도지사 표창을 받게 된 것은 나의 공로에 더해, 사람을 얻는 기쁨과 소통의 가치를 인정받은 결과이다. 하지만 내가 진심으로 감사하는 '상'은 따로 있다. 바로 생명의 언어가 삶 속에서 만들어낸 경이로운 열매들이다.

생명의 언어, 선한 양들의 언어는 마치 병든 영혼과 관계를 치유하는 약과도 같다. 그 언어가 빚어낸 변화는 마을 공원에서 만난 이들의 닫힌 마음을 열고 자신의 이야기를 나누던 순간들에서 시작된다.

아들과의 갈등으로 멀어졌던 부자 관계가 따뜻한 언어라는 약을 통해 회복되고, 말문을 닫았던 어르신이 진심 어린 경청 앞에 다시 말을 꺼내며, 돌아가는 길에 하트로 사랑을 표현하던 그 순간들은 모두 '생명의 언어', 즉 '선한 양들의 언어'가 치유하는 기적을 보여준다.

가장 극적인 변화는 한 어르신에게서 드러난다. 그분은 수십 년간 자녀들과 단절된 채 국가유공자 혜택조차 알지 못했고, 차상위에서 기초생활수급자로의 전환마저 어려운 절망적인 상황에 놓여 있었다. 이 상황은 마치 깊은 병처럼 관계와 삶 전체를 짓누르고 있었다.

그러나 생명의 언어, 선한 양들의 언어라는 특효약은 이 절망적인 상황을 완전히 바꾸어 놓았다. 혜택을 위한 외부적인 '싸움' 대신, 관계의 '화평'을 선택하고 사랑과 격려의 말을 전하자, 굳게 닫혔던 자녀의 마음이 열렸다. 관계가 회복되면서 숨겨져 있던 국가유공자 사실이 30년 넘게 지난 후에야 밝혀지는 놀라운 일이 일어났고, 어르신은 80세가 넘어서야 비로소 가장 높은 수준의 예우와 혜택을 받게 되었다.

그 환하게 피어난 어르신의 얼굴은 생명의 언어가 오랜 단절이라는 병을 치유하고, 삶의 무거운 짐을 축복으로 바꾸어 놓는 기적의 약임을 명확히 증명한다.

진정한 상과 언어의 힘

생명의 언어, 선한 양들의 언어는 메마른 땅에 내리는 단비와 같다. 닫힌 마음을 열고, 단절된 관계를 회복하며, 잊힌 축복을 다시 피워낸다. 사람의 삶을 바꾸고 절망을 기적으로 물들이는 언어. 이것이 내가 받은 가장 고귀한 상이다.

귀 기울이지 않은 말은 관계를 끊고, 온전히 듣는 말은 생명을 일으킨다.
 - 가정에서 어떤 말을 자주 하는가?
 - 가장 가까운 사람들에게 어떤 언어를 쓰고 있나? 비난과 충고인가, 아니면 배려와 축복인가?

행가꽃(행복한 가정으로 꽃피우다)로 나아가며

우리는 이처럼 말 한마디가 가진 놀라운 힘을 수많은 삶의 현장에서 목격했다. 내가 경험하고 증언하는 이 '생명의 언어'는 특정 관계나 상황에만 국한되지 않는다. 가장 가까운 울타리, 바로 '가정'에서도 이 언어는 기적을 만들어 낸다.

다음 이야기에서는 '생명의 언어', '선한 양들의 언어'가 어떻게 가정에서 행복의 꽃을 피우는지 구체적인 사례들을 함께 나누고자 한다. 우리가 주고받는 말들이 어떻게 가정의 공기를 바꾸고, 가족 간의 사랑을 더욱 깊게 만드는지, 그 현장으로 함께 들어가 보자.

 **마무리 체크리스트**

"내 말의 진정한 모습은 무엇인가요?"
"한마디 말로 무너진 관계를 다시 세울 수 있습니다."

말의 본질을 되짚어 보는 3가지 질문

1. 자신의 말로 누군가의 마음에 힘을 준 적은 언제인가?

2. 내가 건넨 따뜻한 말이 누군가의 침묵을 깬 순간은 언제인가?

3. 내 말속에는 다른 사람에 대한 공감, 경청, 존중이 담겨 있는가?

제8장

행·가·꽃

"행복한 가정으로 꽃피우다"

꽃으로 피어나는 생명의 언어: 그 안에 숨겨진 놀라운 힘

메마른 마음에 꽃을 피우고, 닫힌 세상을 다시 열게 하는 힘, 그 놀라운 힘은 바로 생명의 언어 속에 숨겨져 있다.

2020년, 코로나19 팬데믹이 전 세계를 덮쳤을 때, 사람들의 표정은 얼음처럼 굳었고 마음은 철저히 닫혀 있었다. 지친 학생들의 등굣길도, 무거운 어깨로 출근하는 어른들의 발걸음도 한결같이 힘겹게 느껴졌다. 그때 하나님의 음성이 내 안에 들려왔다.

"이곳에 꽃을 심어라."

나는 버려진 개천변에 조심스럽게 씨앗을 뿌리기 시작했다. **백일홍, 분꽃, 코스모스, 해바라기, 달맞이꽃….** 계절마다 다른 꽃들이 저마다의 색과 향기로 생동감 있게 피어났다. 한 송이씩 꽃이 피어날수록 사람들이 점점 더 모여들었다.

아이들과 연인들, 노부부와 가족들, 휠체어에 부모를 모신 자녀들과 들것에 실린 환자들까지. **출근길 어른들의 어깨는 점점 가벼워졌고, 등굣길 아이들의 발걸음에는 미소와 희망이 피어났다.**

말: 가정에 피우는 생명의 꽃

버려진 개천에 꽃을 심고 생명이 피어나는 과정을 지켜보며, 나는 문득 깊이 깨달았다. 황폐했던 개천이 아름다운 꽃길이 되듯, **우리의 가정도 말의 씨앗으로 다시 살아날 수 있다는 것을. 말은 곧 꽃이고, 생명의 씨앗이다.**

무심한 말은 가시가 되어 상처를 주고, 선한 양들의 언어는 향기로운 꽃처럼 가정을 따뜻하게 감싼다. 그래서 우리는 마음 깊이 다짐했다. 감사의 말, 축복의 말, 격려와 존중, 믿음과 소망의 언어들…, 그 말들이 날마다 쌓여갈 때, 가정은 어느새 말의 아름다운 꽃동산으로 변모할 것이다.

꽃처럼 다가가는 말, 향기처럼 퍼지는 말, 생명을 피워내는 말. 그 말이 바로 하나님이 우리에게 맡기신 선한 양들의 언어이다. 버려진 개천도 꽃길이 되었듯, 가정이 선한 양들의 언어로 물들기 시작하면 그 집은 하나님의 생명이 넘치는 동산이 될 것이다.

'행·가·꽃'의 탄생:
외로운 싸움에서 함께하는 사명으로

'행·가·꽃'은

'행복한 가정으로 꽃피우다'라는

하나님의 깊은 메시지를 품고 탄생했다.

이 사명은 깨어진 가정에 다시 희망을 심으려는 하나님의 깊은 뜻에서 시작되었다. 선한 양들의 언어, 그 한마디 한마디가 얼어붙은 마음을 녹이고, 가정마다 작은 빛이 스며들기 시작했다.

수많은 사람을 만날수록, 나는 회복의 열쇠가 말에 있음을 더욱 확신하게 되었다. 말은 단순한 소리가 아니다. 삶을 바꾸는 씨앗이고, 지친 마음에 힘을 주는 생명수다. 하지만 시간이 지날수록 혼자 힘으로는 분명한 한계가 있었다. 가정을 회복하는 길은 결코 쉽지 않았다. 누군가의 아픔을 함께 듣고, 밤새 기도하며, 지친 가족들을 찾아가 따뜻한 말을 건네는 일에는 더 많은 마음과 손길이 필요했다. 이 귀한 일을 진정으로 이루려면 나 혼자만의 열정과 노력으로는 부족했다. 마음을 나눌 동역자, 같이 울고, 같이 기도하며, 함께 말의 씨앗을 심어줄 사람들이 꼭 필요했다.

그러던 어느 날, 예상치 못한 전화 한 통이 걸려왔다. 삶에 지친 한 가정을 위해 기도를 부탁하는 간절한 목소리였다. 그 순간, 마음이 뜨거워졌다. 이 길이 나 혼자만의 싸움이 아님을, 하나님이 공동체로 부르셨음을 깨달았다.

그날 이후로 결심이 섰다. 아름다운 말을 심고, 가정을 살리고, 세상에 따뜻한 꽃길을 함께 만들자. 그렇게 탄생한 '행·가·꽃'은 이제 바다를 건너 미국과 일본까지 번져 나갔다.

각자의 자리에서 목회자, 교사, 사회복지사, 주부…, '꽃님들'이란 이름으로 누군가는 기도하고, 누군가는 위로하며 작은 언어의 씨앗을 심고 있다. 교실에서, 병실에서, 시장에서…, 각자의 자리에서 오늘도 따뜻한 말을 건네는 이들, 바로 **'꽃님들'**이다.

그 말들이 모여 씨앗이 되고, 시간이 흘러 마침내 땅 위에 꽃이 피었다. 지금 이 땅에는 하나님의 은혜로 아름다운 꽃길이 하나둘 늘어나고 있다.

'행·가·꽃'은 단순한 모임이 아니다. 이것은 하나님이 맡기신 사명이다. 말로 가정을 일으키고, 말로 사랑을 다시 데우며, 우리 민족을 다시 예의와 은혜의 땅으로 이끄는 거룩한 부르심의 여정이다.

> "한마디 말이 꽃이 되고,
> 그 꽃이 가정과 교회와 학교와 사회,
> 그리고 나라를 천국으로 바꾼다."

이 슬로건은 우리 모두가 함께 살아내야 할 소명이다. 하나님께서 우리에게 맡기신 언어 사역의 언약이다.

'**행·가·꽃**'은 지금도 그 언약을 따라 가정과 공동체, 그리고 이 땅 위에 하나님의 생명을 말로 전하고 있다. 그리고 지금, 그 선한 양들의 언어가 실제로 꽃을 피워 낸 이야기들, 그 감동의 순간들을 함께 나누려 한다.

행·가·꽃으로 피어난 감사의 언어 1

선한 양들의 언어로 다툼의 불씨들을 끄다(70대 신○○ 형제의 사례)

주방에서 갑자기 "털썩!" "쨍그랑!"
유리가 깨지는 듯한 날카로운 소리가 울려 퍼졌다.
심장이 철렁 내려앉았다.
냉장고에서 김치 그릇이 미끄러지듯 떨어지며
붉은 국물이 여기저기 사방으로 튀었다.
주방 바닥과 벽은 순식간에 붉게 물들었다.
나도 모르게 숨이 멎는 듯했다.
또 남편이었다, 또 남편의 실수였다!
나는 반사적으로 눈살을 찌푸렸다.
속에서 치밀어 오르는 감정을 억누를 새도 없이,
날카로운 말이 튀어나왔다.
"이런 것도 제대로 못하냐고요!"
내 목소리는 주방을 가로지르며 울려 퍼졌다.
남편은 움찔했지만, 아무 말도 하지 않았다.

그의 무표정한 얼굴이 더욱 야속하게 느껴졌다.

오랜 결혼 생활 동안 쌓인
경제적 어려움과 반복되는 갈등이
이제는 남편을 향한 비난으로 변해버렸다.
그의 사소한 실수마저 내 일상을 짜증으로 물들였다.
하지만 나는 그의 아픔을 들여다볼 여유가 없었다.
사업을 하다가 믿었던 친구에게 배신당하고,
극심한 스트레스 속에서 하루하루 버티고 있는 남편.
그가 지쳐 있는 것은 분명했지만,
나는 그것을 보지 못했다.
아니, 보려고 하지 않았다.

그러던 어느 날, 나는
'**행·가·꽃**'(행복한 가정으로 꽃피우다)을 만났다.
그곳에서 '선한 양들의 언어'를 배우게 되었고,
그것이 내 삶을 바꿀 줄은 꿈에도 몰랐다.
신앙생활을 오래 했지만,
정작 내 말은 여전히 날카롭고 차가웠다.

남편을 배려하기보다는 비판하고 상처 주는 데
익숙해져 있었다.

'**행**·**가**·**꽃**'에 소속된 지 1년이 되었다.
선한 양들의 언어를 실천하는 일은
쉽지 않았지만,
어느 순간 내 안에서 조용한 변화가 시작되었다.
나도 모르게,
내 말과 태도가 조금씩 따뜻해지고 있었다.

그리고 어느 날,
이번에도 남편은 냉장고에서 김치를 꺼내려다
그릇을 놓쳤다.
"**털썩!**" "**쨍그랑!**"
김치 국물이 또다시 바닥 여기저기에 튀었다.
예전 같았으면 나는 또다시 날카로운 말을
내뱉었을 것이다.
하지만 그 순간, 남편의 얼굴이 눈에 들어왔다.
실수를 하고 당황한 그의 눈빛이 유난히 초라해 보였다.

한숨을 깊이 들이마신 나는 이번엔 다르게 행동했다.

얼른 당황하고 있는 남편 곁으로 가서

"괜찮아요. 내가 닦을게요."

내 말에 남편의 눈이 커졌다.

예상치 못한 반응에 놀란 듯했다.

나는 천천히 걸레를 가져와 바닥을 닦기 시작했다.

손에 김치 국물이 묻었지만, 전혀 개의치 않았다.

중요한 것은 남편이 안심하는 것이었다.

그날 이후 우리의 관계는 서서히 변해갔다.

남편을 비난하기보다

그의 마음을 먼저 헤아리기 시작했고,

작은 실수에도 미소로 답했으며

긍휼한 눈으로 바라보았다.

그러자 남편도 변하기 시작했다.

대화가 부드러워졌고,

서로를 향한 따뜻한 배려가 싹트기 시작했다.

이 모든 변화는 나를 돌아보게 했다.

과거의 거친 말 대신 이제는 상대방의 마음을
먼저 헤아리고 긍정적인 언어로 대화하려 노력한다.
'**행·가·꽃**'을 통한 선한 양들의 언어가 아니었다면,
우리는 여전히 갈등 속에서
힘겨운 시간을 보냈을 것이다.
하지만 이제는 다툼이 줄어들었고,
남편이 더욱 사랑스럽게 느껴진다.
마치 천국에 사는 듯한 평안과 기쁨이
우리 가정을 감싸고 있다.

'**행·가·꽃**'으로 인도하신 하나님께 깊이 감사드린다.
하나님의 놀라운 은혜로
우리는 서로를 더욱 깊이 이해하고
진심으로 사랑할 수 있게 되었다.
앞으로도 선한 양들의 언어를 온전히 실천하며
살아갈 것을 다짐한다.
작은 말 한마디가 깊은 상처를 남기거나
반대로 따스한 사랑을 전할 수 있음을 깨달았기에,
더욱 신중하고 부드러운 마음으로 가정을 돌보겠다.

하나님 품 안에서
더욱 따뜻하고 화목한 가정을 이루고 싶다.
이 글이 이혼을 고민하는 부부들에게
작은 희망과 회복의 메시지가 되기를 간절히 바란다.
서로를 이해하고 배려하는 사랑이 얼마나 놀라운
치유와 힘이 되는지를 더 많은 부부가 경험하고,
그 사랑의 기적이 모든 가정에 피어나기를
간절히 기도한다.

행·가·꽃으로 피어난 감사의 언어 2

청심환 대신, '감사약'을(60대 박○숙 자매의 사례)

"여보, 당신 덕분에
이렇게 편히 쉴 수 있어서 마음이 참 편안해요.
오늘도 힘내세요."

남편에게 짧은 메시지를 보낸 건,
수원에 계신 부모님 병원과 요양원을
오가던 저녁이었다.
문득 깊은 곳에서 감사함이 밀려왔다.
'이 모든 시간을 어떻게 견딜 수 있었을까?'
생각할수록 남편의 존재가
더욱 소중하고 감동적으로 다가왔다.
묵묵히 내 곁을 지켜준 덕분에,
양가 부모님을 돌보는 힘겨운 시간을 이겨낼 수 있었다.

하지만 이 고백이

자연스럽게 흘러나온 것은 아니었다.

우리의 결혼 생활은 때때로 거칠고 아픈 순간이 많았다.

남편의 날카로운 말과 자기중심적인 태도는

내 마음을 깊이 아프게 했고,

보이지 않는 상처를 남기곤 했다.

아이들이 어렸던 그 시절,

남편이 퇴근해 문을 여는 소리,

"딸깍—"

그 소리만으로도 가슴이 철렁 내려앉았다.

마음은 늘 불안으로 가득 찼다.

어떤 말이 튀어나올지,

아이들은 어떻게 눈치를 볼지,

또 어떤 사나운 분위기로 바뀔지—

나는 매일 긴장이라는 무거운 갑옷을 걸치고 있었다.

결국, 나는 **청심환 한 알**에 의지하게 되었다.

작은 손바닥 위의 알약 하나.

그것은

불안에 떨리는 내 마음을 겨우 붙잡아 주는

유일한 버팀목이었다.

그때마다 나는 조용히 기도했다.

"여호와여, 제 입에 파수꾼을 세워 주세요."

남편의 말에 상처받기보다는,

주님의 은혜로 내 마음을 지키고 싶었다.

내 기도를 들으신 주님은 나에게 새로운 길을 보여주셨다.

'**행·가·꽃**'이라는 공동체를 통해

'**선한 양들의 언어**'라는 치유의 방식을 만나게 되었다.

감사, 축복, 존중, 격려, 지지, 인정, 사랑 같은

그 단어들은 처음엔 너무 단순해 보여 낯설게 느껴졌다.

하지만 한 걸음씩 실천해 나가며,

나는 말이 관계를 회복하는

소중한 씨앗이 될 수 있다는 진리를 깨달았다.

처음엔 **"오늘도 수고했어요."**라는

작은 한마디였다.

그 말 한 줄이 나와 남편 사이의 벽을

조금씩 허물기 시작했다.

굳게 닫혀 있던 내 마음이

부드럽게 녹아내리기 시작했다.

놀랍게도, 남편의 존재가 새로운 빛으로 다가왔다.

그가 내 곁에 있다는 사실,

그가 나를 위해 조용히 헌신하고 있음이

점점 더 감사함으로 가득 차 선명해졌다.

예전에는 대수롭지 않게 여겼던

그의 작은 배려와 말없는 행동들이

이제는 사랑의 깊은 속삭임처럼 내 마음에 와닿았다.

나는 더 이상 외부에서 위안을 찾지 않는다.

이제 내 마음의 진정한 위로는 '선한 양들의 언어'다.

선한 양들의 언어는

메마른 마음을 부드럽게 어루만지며,

굳게 닫혔던 내면의 창문을 조용히 열어주었다.

그리고 우리의 대화는 완전히 새로운 풍경으로 바뀌었다.

이제는

따뜻하고 진심 어린 말로 서로를 감싸안는다.

날카롭고 상처주던 대화는 사라지고,

그 자리에 깊은 이해와 공감의 언어가
부드럽게 피어났다.
그리고 나는,
하나님께 치유의 은혜를 경험한 사람으로서
다른 이들의 회복을 돕는 사람이 되었다.
상처받았던 그 자리에서,
다시 사랑하게 된 그 놀라운 은혜를
이제는 조용히 나눌 수 있게 되었다.
그 힘의 근원은 다름 아닌,
'선한 양들의 언어'였다.

상처받은 치유자, 다시 사랑을 전하다

이제 나는 상처받은 치유자로 살아간다.
고통의 터널을 통과하며 얻은
가장 소중한 선물은 바로 '선한 양들의 언어'였다.
그 언어는 내 삶의 결정적인 전환점이었고,
이제는 다른 이들을
치유와 회복으로 이끄는 나침반이 되었다.

지금 이 글을 읽고 있는 당신에게 간절히 전하고 싶다.
말은 생명 그 자체이다.

작은 감사의 말 한마디가,
깊은 이해의 한 줄기가,
따뜻한 격려의 말 한마디가
얼어붙은 마음을 녹인다.
부부 관계가 서먹해지고 위기에 직면했을 때,
가장 먼저 필요한 것은 **'진심이 담긴 대화의 회복'**이다.
상대방을 바꾸려 들기보다,
서로의 마음을 들여다보는 용기.
그 용기에서 비롯된 작은 말 한마디가
무너진 관계를 다시 일으키는 놀라운 마법이 된다.

사랑은 얼어붙은 대지를 뚫고 새싹을 틔운다.
삶이 황폐하고 마음이 말라버렸을지라도,
말 속에 담긴 진실한 사랑은 결국
상처입은 가정을 다시 꽃피우는 생명력이 된다.
혹시 지금 당신의 가정이 힘겨운 계절을 지나고 있다면—

서로에 대한 믿음이라는 뿌리를 다시 내려보자.
그리고 선한 양들의 언어라는 따스한 햇살을 비추자.
반드시 다시 피어날 것이다.

'행·가·꽃'처럼,
아름답고 생생한 사랑의 꽃으로.

행·가·꽃으로 피어난 감사의 언어 3

따뜻한 이불이 되어준 남편(40대 김○주 자매의 사례)

남편은 조용히 다가와
내 이마와 얼굴을 부드럽게 쓰다듬었다.
묵직하면서도 따뜻한 손길이 느껴졌다.
"괜찮아?"
세 글자뿐인 그 말이,
왠지 눈물이 핑 돌 정도로 가슴 깊이 와닿았다.
남편은 평소 같았으면
"병원 한 번 가보던가~?"
라며 무심하게 넘어갔을 텐데,
이번엔 진심이 담긴 따뜻한 안부를 물었다.

나는 몸이 으슬으슬 떨리며
"아, 너무 춥나" 하고 옆으로 누웠다.
그러자 그도 조용히

내 등 뒤로 다가와 나를 부드럽게 감싸 안았다.
말은 없었지만, 그의 품 안에서 느껴지는 온기가
내 마음 깊곳까지 스며들었다.
'내가 춥다고 하니 안아 준 거구나.'
영화의 한 장면 같은 순간,
나는 그 따스함에 몸을 맡겼다.
"자기야, 가까이 오면 독감 옮아."
그 말에 남편은 담담하게 대답했다.
"괜찮아."
문득 오래전 한 장면이 스쳐 지나갔다.

코로나19가 한창이던 시절,
남편이 처음으로 바이러스에 걸렸을 때였다.
나는 날카로운 말로 그를 몰아세웠다.
"코로나 시국에 조심도 안 하고 돌아다니다가
진수, 나까지 다 감염시켰잖아!"
그때 남편은 조용히 내 말을 듣고만 있었다.
나는 그를 향해 거침없이 화살을 쏘아댔다.
그 기억이 지금 이 순간 불현듯 떠올랐다.

성령님께서는 늘 필요한 순간,
정확한 장면을 꺼내 내 마음을 비추셨다.
남편의 품에 안긴 채, 깊은 미안함에 사로잡혔다.
내가 얼마나 오랫동안 그를
제대로 이해하지 못하고 살아왔는지 깨달았다.

남편은 사랑 없는 사람이 아니었다.
다만 사랑을 표현하는 데 서툴렀을 뿐,
그의 마음 깊은 곳에는 오랫동안 감춰둔
'진짜 사랑'이 있었던 것이다.
그는 단순하고 무뚝뚝한 사람이 아니라,
묵묵히 품는 사랑을 아는 사람,
그 사랑을 표현하는 데 시간이 걸릴 뿐인
'깊은 사랑꾼'이었다.
어쩌면 그는
자신 안의 그런 사랑을 알지 못했을지도 모른다.
하지만 나는 안다.
그 안에 심겨진 사랑은,
어느 날 따스한 포옹과 함께 꽃을 피웠다.

한때 우리 부부는 서로의 말에 상처를 주고받으며,
대화의 문을 닫은 채 살아가고 있었다.
말끝마다 가시가 돋았고, 눈빛은 늘 긴장으로 얼룩졌다.
이해보다는 오해가 앞섰고,
서로를 향한 기대는 실망으로 되돌아왔다.

'지혜로운 아내가 되어
듬직한 남편과 행복한 가정을 꾸리겠습니다.'
결혼 당시 공개적으로 선포했던
이 다짐은 이루기 어려울 것처럼 보였다.

그러던 어느 날,
'행·가·꽃'에서 '선한 양들의 언어'를 배우며,
남편에게 '선한 양들의 언어'로 다가가기 시작했다.
하지만 쉽지 않았다.
남편은 나에게
"하다가 말 거면 아예 시작도 하지 마."
라며 차갑게 핀잔을 주었고,
그 말에 나는 깊이 상처받았다.

그럼에도 나는 포기할 수 없었다.

그리고 실천의 첫 걸음은

아들 진수 앞에서 남편을 존중하는 말이었다.

"진수야, 우리 집에서는 아빠가 최고야.

엄마와 아빠는 한 몸처럼 서로 아끼고 도와주는 사이야.

그러니까 아빠 말씀을 잘 들어야 해."

이 말은 사실, 남편에게 전하고 싶었던 내 진심이었다.

남편이 가정의 중심임을 인정하고

지지한다는 것을 진심으로 표현한 순간이었다.

이 때 남편은 특별한 반응을 보이지 않았다.

하지만 며칠이 지나자

그의 말투가 조금씩 부드러워지기 시작했다.

싸늘하던 대화가 어느새 따뜻해졌고,

서로를 향한 말에 온기가 돌았다.

내가 먼저 존중을 보이자,

남편도 나를 향해 마음의 문을 열기 시작한 것이다.

가정의 질서를 회복하는 일은 서장한 결심이 아니라,

작은 실천에서 시작되었다.

남편을 세우니 가정이 바로 섰고,
가정이 바로 서자 부부도 하나가 되었다.
이 단순한 진리가 내 삶에서 실제로 이루어지고 있었다.

하나님의 방법은 진심이 담긴 존중과 사랑이
남편을 일으켜 세우게 하시고
우리 부부의 관계를 회복시키는 놀라운 힘이 되었다.

한때 나는 이렇게 외쳤다.
"결혼했으면 같이 노력해야지, 왜 나만 해야 해?"
그때는 몰랐다.
그 말에 얼마나 많은 교만과 아집이 담겨 있었는지.

내 안에 높게 쌓인 여리고성과도 같은 마음의 벽,
그것을 무너뜨린 건 어떤 논리도, 감정도 아닌
'선한 양들의 언어'였다.
이제야 진심으로 고백할 수 있다.
먼저 변해야 할 사람은 남편이 아니라
바로 나 자신이었다는 것을.

가끔 진수와 남편이 함께 웃으며
"선한 양들의 언어를 써야지!"
라고 말할 때면, 그 순간이
얼마나 감사하고 기쁜지 모르겠다.

그 말은 단순한 훈련의 흔적이 아니라,
하나님이 주신 회복의 명확한 증거였다.
선한 양들의 언어는
사랑에 숨을 불어넣는 은혜로운 호흡이며,
무너졌던 부부 관계를 다시 하나로 묶어주는
하나님의 놀라운 능력이다.

선한 양들의 언어는
오래된 상처를 치유하고,
끊어진 관계를 잇는 회복의 열쇠이다.
이제 나는 기대한다.
선한 양들의 언어를 통해
하나님이 또 어떤 일을 이루실지.
다시금 감사의 마음으로,

오늘도 나는 선한 양들의 언어를 실천하기로 결심한다.

지금, 부부 사이의 갈등으로 지치고
절망의 문턱에 서 있는 이들에게 전한다.
"하나님은 결코 당신의 가정을 포기하지 않으신다."

그 선택은 언제나 '말'에서 시작된다.
지금, 당신 남편에게 "수고했어요. 사랑해요."
마중물 같은 선한 양들의 언어를 전하자!

회복은 기적이 아니라, 말에서 시작되는 선택이다.
자녀들 앞에서 남편의 권위를 세우고,
그를 지지하는 말로 품어낼 때
그 말이 가정의 질서를 세우고,
질서는 사랑의 뿌리가 되어
당신의 가정은 반드시 회복될 것이다.

행·가·꽃으로 피어난 감사의 언어 4

선한 양들의 언어로 되찾은 가정의 평화 (40대 김○재 형제의 사례)

솔직히 말하면,
교회나 신앙이 우리 가정에
어떤 변화를 가져올지 전혀 기대하지 않았습니다.
아내와는 자주 다퉜고,
술을 마시는 제 습관이나
아이와의 말다툼이 있을 때면 늘 잔소리를 들어야 했죠.
"그만 좀 마셔요."
"아이 보는 데서 그러지 마세요."
"말 함부로 하지 마세요!"

이런 말이 반복되다 보니,
어느 순간부터는 차라리 침묵이
더 편안하다고 느껴졌습니다.
그때는 몰랐습니다.

선한 양들의 언어가 우리 가정을
이토록 변화시킬 수 있을 줄은요.
어느 날부터인가 나를 대하는
아내의 말이 달라졌습니다.
"여보, 고마워요."
"정말 수고했어요."
"우리 가족은 당신 덕분에 정말 든든해요."

처음엔 솔직히 의심했습니다.
'잠깐 동안 그럴 뿐이야.'
'며칠이나 버티겠어.'
하지만 따뜻한 말이 하루 이틀,
일주일, 한 달… 계속 이어졌습니다.

아내는 제게 '선한 양들의 언어'를 배우고
실천하고 있다고 말했습니다.
정확히 무엇인지는 지금도 잘 모르겠지만,
집안 분위기는 눈에 띄게 부드러워졌고,
말다툼이 줄어들면서 집에 있는 시간이 편안해졌습니다.

무엇보다도,
제 마음을 가장 깊이 울린 건
아내가 아들 앞에서 제 존재를 인정해줄 때였습니다.
"아빠는 우리 집의 가장이셔."
"엄마는 아빠와 한 몸이야."
"아빠 덕분에 우리가 이렇게 좋은 곳에 와서
행복한 시간을 보내는 거야."

아내의 말을 듣는 순간, 저는 가슴이 먹먹해졌습니다.
말로 표현할 수 없는 감동에 휩싸였고,
오랫동안 얼어붙어 있던 마음이
부드럽게 녹아내리는 느낌이었습니다.

그 순간, 저는 사랑의 진정한 본질을 깨달았습니다.
사랑은 감정이 아닌 선택이며,
그 선택은 단 한마디의 말에서 시작된다는 것을.

아직 하나님을 직접적으로 믿지는 않지만,
이렇게 따뜻하게 변화할 수 있는 믿음이라면

충분히 존중받을 만하다고 생각합니다.
이제는 아내의 신앙생활을 진심으로 존중하고 싶습니다.
무엇보다 감사한 건,
우리 가정에 다시 웃음꽃이 피어났다는 것입니다.
아내는 분명 사랑스런 아내로 변해가고 있고
저 또한 함께 변해가고 있어 감사합니다.

행·가·꽃으로 피어난 감사의 언어 5

우리 아내가 달라졌어요(50대 재일교포 신○철 형제의 사례)

저는 요즘 퇴근 후 집에 들어서는 순간이 기다려집니다.
예전에는 상상도 못할 일이었습니다.
이전에는 제가 퇴근하면 집에 들어오든 말든,
아내는 그저 주방에서 자신이 하던 일만 계속했습니다.
저를 맞아주는 것은 기대도 하지 않았습니다.
이런 사소한 일들 때문에
아내와 많이 다투기도 했습니다.

그런데 어느 날부터인가,
퇴근하고 현관문을 열고 들어서면
아내가 저를 맞아주는 겁니다.
"수고했어요!"
"오늘노 별 일 없었죠?"
따뜻한 말과 함께 저를 맞아주니

처음에는 조금 쑥스럽기도 했지만,
묘하게 기분이 좋았습니다.
아, 이렇게 맞아주는 것이 이런 기분이구나 싶더군요.

그리고 우리 아내에게 또 한 가지
크게 달라진 점이 있습니다.
이전에는 제가 직장에서 겪은
속상한 이야기를 털어놓으면,
아내는 늘 다른 사람의 입장에서 저에게
'당신이 잘못했으니까 그렇지.' 하고 핀잔을 주었습니다.
저는 아내에게 위로받고 싶어 한 말인데,
오히려 더 큰 상처를 받고 외로움을 느꼈습니다.
'내 편은 아무도 없구나'
라는 생각에 혼자 속앓이할 때가 많았습니다.

그런데 어느 때부터
아내가 제 이야기를 아무 말없이
공감해 주기 시작했습니다.
사실 제가 잘못한 일도 있었는데,

이전 같았으면 분명히 저를 나무라거나 지적했을 겁니다.
그런데 요즘은 그저 묵묵히 저를 공감해 주는
아내의 모습에 정말 놀랐습니다.
그 말이 집안의 분위기를 바꾸고, 그 분위기 속에서
아내와 저 사이에 사랑이 다시 살아났습니다.

이렇게 아내가 저를 공감해 주니
제가 밖에 나가서 일할 때도 자신감을 얻게 됩니다.
더욱 신기한 것은 아내가 달라지자,
저희 딸도 저를 대하는 태도가
달라지기 시작했다는 겁니다.
예전에는 제가 퇴근하고 집에 들어와도
누워서 일어날 생각도 않던 딸아이가,
요즘은 벌떡 일어나 저를 반갑게 맞아줍니다.
"아빠, 오셨어요?"
하고 인사해 주는 딸의 모습에
너무나 감사한 마음이 들었습니다.
가정에 온기가 돌고, 행복이 찾아온 것 같았습니다.

이 모든 변화의 이유가 궁금했습니다.
그러다 아내가 '행·가·꽃'이라는 공동체에서
선한 양들의 언어 훈련을
받고 있다는 사실을 알게 되었습니다.
'행·가·꽃" — '행복한 가정으로 꽃피우다'는 의미처럼,
그곳에서 배운 말의 훈련이
우리 가정을 따뜻하게 바꿔놓은 것이었습니다.
아내의 변화는 저에게,
그리고 딸아이에게까지 퍼졌습니다.
단순한 말 한마디가 공기를 바꾸고,
그 공기 속에서 사랑이 다시 살아났습니다.
이 모든 은혜를 가능케 하신 하나님께
진심으로 감사드리며,
'행·가·꽃'을 통해 더 많은 가정이 회복되고
꽃피우는 날이 오길 소망합니다.

'행·가·꽃': 말로 피어나는 생명의 꽃길

'행·가·꽃'은 은 단순히 가정을 회복하려는 운동이 아니다. 이는 한 가정의 변화에서 시작되어, 그 기쁨과 웃음이 이웃과 교회, 나아가 세상을 향해 퍼져 나가는 '선한 양들의 언어 운동'이다. 우리가 주고받는 말 한마디 한마디가 사랑이 되고, 그 사랑은 가정을 넘어 하나님 나라를 이루는 소중한 씨앗이 된다.

사랑이 없던 자리에 존중과 배려의 꽃을 피우고, 절망의 언어가 오가던 공간을 감사와 희망의 메시지로 채우는 것이 바로 '행·가·꽃'의 사명이다. 말의 힘을 경험한 수많은 이들의 고백처럼, 선한 양들의 언어는 믿음이 없는 이에게도 존중과 변화를 선물하는 놀라운 힘을 가지고 있나. 이는 관계의 단절 속에서 침묵을 택했던 이들이 다시 소통의 기쁨을 찾게 되는 기적과도 같다.

'행·가·꽃'은 삶의 가장 작은 단위인 '말'에서부터 변화를 시작한다. 말은 단순히 소통의 도구가 아니다. 그것은 서로의 마음을 치유하고, 관계를 재건하며, 잃어버린 질서를 회복시키는 강력한 생명의 근원이다. 이 언어를 통해 무너졌던 가정이 다시 굳건히 서고, 부부 사이의 사랑이 깊어지며, 자녀들에게는 건강한 신앙과 인성의 토대가 마련된다.

하나님은 결코 우리 가정을 포기하지 않으신다. 우리에게 필요한 것은 바로 선한 양들의 언어를 선택하고 실천하는 용기이다. 그 한마디가 무너진 마음을 다시 일으키고, 서로를 향한 길을 다시 열게 할 것이다. '행·가·꽃'과 함께 선한 양들의 언어를 심는다면, 당신의 가정도 분명 행복으로 가득 찰 것이다.

에/필/로/그

에덴의 언어: 선한 양들의 언어로 피어나는 새로운 사역의 길

가장 깊은 상실의 골짜기를 지날 때였다. 코로나 19의 긴 어둠 속에서 사랑하는 어머니와 오라버니를 차례로 하나님의 품으로 보내드렸다. 어머니는 평생 손때 묻은 성경책 한 권을 내게 남기셨다.

믿음으로 달려온 사역을 멈추고, 고요한 침묵 속에 머물렀던 그때였다. 선한 목자 예수님께서 소망의 빛으로 내게 다가오셨다.

"사랑한다, 내 딸아. 내가 너와 함께한다."
내 영혼에 새겨진 그 음성은 어둠을 밝히는 한 줄기 빛과 같았다. "내가 너를 지명하여 불렀나니 너는 내 것이라"
(이사야 43:1)

"**너희보다 먼저 가시는 너희 하나님 여호와께서…**" (신명기 1:30)

나를 지명하여 부르신 하나님은 보이지 않는 순간에도 늘 내 앞길을 인도하셨다. 그 은혜에 힘입어 나는 새로운 사역의 길로 담대히 나아가라는 하나님의 부르심을 확신하게 되었다.

지난 3년여의 시간 동안, 나는 이 책을 집필하며 새로운 소망을 품고 하나님이 예비하신 길을 걸어갈 준비를 했다. 예수님의 위로로 그분의 마음을 품고, 그분이 원하시는 곳에서 뜻하신 일을 감당하고자 한다.

이 책은 바로 그 여정의 기록이다.

하나님이 내게 맡기신 **'선한 양들'**이 어떻게 상처를 딛고 회복되었으며, 사랑과 소망의 공동체로 세워졌는지 고스란히 담겨 있다. 상처와 아픔, 그리고 작은 기쁨과 감사가 **'에덴의 언어'**, 곧 **'선한 양들의 언어'** 안에서 꽃처럼 피어났다.

이 언어는 단순한 말이 아니라, 하나님이 우리 모두에게 주신 생명의 선물이다.

이제 이 **'생명의 언어'**가 이 글을 읽는 모든 이의 마음에도 강물처럼 흐르기를 소망한다. 닫힌 마음이 열리고, 메마른 영혼 위에 회복과 소망의 꽃이 피어나기를 기도한다. 하나님이 주신 에덴의 언어, 선한 양들의 언어는 오늘도 우리 모두를 새롭게 하시는 하나님의 선물이기 때문이다.

감사의 글

이 책이 세상의 빛을 보기까지, 삼 년이 넘는 긴 시간 동안 변함없는 격려와 사랑으로 곁을 지켜주신 모든 분들께 머리 숙여 깊이 감사를 드립니다.

특별히, 삶의 가장 힘든 시기에 말없는 위로와 진심으로 함께해 준 사랑하는 남편 윤신순 사부님, 김윤주 집사님, 김민찬 학생 그리고 '행·가·꽃'의 모든 가족들께 진심을 다해 감사를 전합니다.

먼 나라에서 늘 한결같은 응원과 사랑을 보내주신 미국의 이윤향 사모님, 일본의 문은식 집사님, 그리고 신찬 전도사님, 한귀자 권사님, 박인숙 권사님, 김경진 집사님, 전혜나 집사님께도 깊이 감사드립니다.

믿음으로 응원해 주신 김은섭 목사님, 박상복 목사님, 홍재우 목사님, 고정욱 박사님, 백종근 목사님, 길영민 목사님, 양요섭 목사님, 김경구 목사님, 카레설 아카데미의 노보현 목사님, 박정양 목사님, 차성숙 목사님께도 진심을 다해 감사를 드립니다.

영적 어머니이신 **고향 웅포교회** 김봉례 권사님, 서정호 장로님, 김종갑 오라버니, 정정자 권사님, 김경숙 자매께도 각별한 사랑과 감사를 전합니다.

이 책이 세상의 빛을 보기까지, 비록 이름을 모두 기록하지 못했지만, **'선한 양들의 언어'**가 이 땅의 많은 이들에게 축복의 통로로 쓰임받을 수 있도록, 기도와 사랑으로 함께해 주신 모든 분들께 진심으로 감사의 마음을 전합니다.

또한 이 책의 출간을 위해 아낌없는 도움을 주신 대경북스 대표님과 모든 관계자분들께도 깊이 감사드립니다.

《선한 양들의 언어》가 세상의 빛을 보기까지, 그 모든 여정 위에 함께하신 하나님의 손길을 기억하며 깊은 감사와 찬양을 하나님께 올려드립니다.

선한 양들의 언어학교 12주 여정

주차	주제	훈련 내용 요약	실천 및 활동
1주차	말이 밥을 바꾼다 : 밥 실험	선한양들의 언어가 실제로 물질(밥)을 변화시키는 힘을 지님을 눈으로 확인함	30일간 밥 실험 결과 공유 말의 힘 자각
2주차	눈빛이 먼저 말한다	눈을 바라보며 연결되는 정서적 대화 실습	짝지어 눈마주보기 실습 선한 양들의 언어 한마디 건네기
3주차	가정으로 스며든 언어	식탁 언어 실습 부모—자녀 간 감사 표현	아침 식탁 감사멘트 가족 통화 녹음 나눔
4주차	말에는 온도가 있다	말의 온도 인식 훈련 감정 전달 방식 점검	따뜻한 말 vs 차가운 말 리스트 작성 역할극 실습
5주차	무너진 말의 재건	고통 속 말의 해체와 회복 체험	관계 속 상처 말 돌아보기 선한 양들 언어로 다시 말하기
6주차	사춘기를 깨우는 한마디	청소년에게 효과적인 선한 양들의 언어 훈련	교사/부모 말습관 분석 격려 문장 만들기

주차	주제	훈련 내용 요약	실천 및 활동
7주차	교회 안에서 말은 복음이 된다	설교가 아닌 행동언어로 복음을 전하는 실습	봉사 중 선한 양들의 언어 실천 전도 상황별 언어점검
8주차	갈등을 녹이는 언어	갈등 중 나오는 파괴적 언어 훈련과 선한양들의 언어 전환	가족 또는 교회 내 갈등상황 재구성 후 선한 양들의 언어 적용
9주차	축복 언어는 다음 세대를 키운다	축복기도 실습 아이와 청년에 건네는 말의 중요성	자녀/후배에게 축복 메시지 작성 및 전달
10주차	죽음과 삶 사이의 언어	병상 위 언어 임종 직전의 말이 남기는 영향	임종 위로 언어 연습 장례현장 언어 성찰
11주차	하나님도 말하신다 – 말씀의 언어	성경 속 선한양들의 언어 읽기 말씀을 말로 풀어내는 훈련	'오늘 나에게 주신 말씀'을 말로 표현해 보기
12주차	나는 오늘 어떤 언어를 남겼는가? (시상식)	선한 양들의 언어로 12주를 살아낸 자기 언어 성찰과 나눔	선한 양들의언어 간증 나누기 우수 실천자 시상식 수료증 수여

12주 동안의 나의 변화 간증하기

- 선한 양들의 언어학교에 참여하며 나에게 어떤 변화가 있었나요?
- 내 말투, 표정, 행동, 기도의 언어…, 무엇이 달라졌나요?
- 가족, 교회, 직장, 관계 속에서 선한 양들의 언어가 만들어낸 변화를 구체적으로 기록해 보세요.

나의 변화 간증하기

_____

_____

_____

_____

_____

_____

_____

_____

선한 양들의 감사학교 12주 워크북

다음은 선한 양들의 감사학교 12주간 여정 동안 실시했던 수업 내용입니다.

1주차 | 감사는 선택이다 (오리엔테이션)

- 핵심 메시지: 감사는 기분이 아니라 선택이며 결단이다.
- 생각해 보기: 나는 평소 감사를 얼마나 자주 선택하는가?
- 기록하기: 오늘 감사할 수 있었던 세 가지 순간을 적어보자.
- 실천 미션: 하루 세 번 감사 말하기 / 감사일기 첫 기록
- 오리엔테이션: 감사학교의 목적과 전체 여정 소개, 참가자 다짐 나누기

2주차 — 말이 달라지면 마음이 달라진다

- 핵심 메시지: 감사의 언어가 나의 마음을 바꾼다.
- 생각해 보기: 나의 일상 언어에서 감사보다 불평이 많았던 적은?
- 기록하기: 오늘 내 입에서 나온 말 중 불평 한 가지를 감사로 바꿔쓰기
- 실천 미션: 감사 대신 불평한 말 찾아 바꿔쓰기

3주차 — 감사하지 못했던 이유

- 핵심 메시지: 불평의 뿌리를 살펴야 진짜 감사가 회복된다.
- 생각해 보기: 내 안에 자리 잡은 불만의 원인은 무엇일까?
- 기록하기: 감사하지 못한 상황 3가지와 그 이유 적기
- 실천 미션: 감사하지 못한 상황 3가지 고백하기

4주차 감사는 보는 눈에서 시작된다

- 핵심 메시지: 감사는 훈련으로 자란다. 보는 눈이 달라져야 한다.
- 생각해 보기: 오늘 감사한 것을 몇 개나 찾았는가?
- 기록하기: 감사한 것 10가지 리스트 작성
- 실천 미션: 감사한 것 10가지 적고 문자로 표현하기

5주차 과거의 아픔을 감사로

- 핵심 메시지: 상처는 감사의 재료가 될 수 있다.
- 생각해 보기: 과거의 아픔 속에 숨겨진 은혜는 없었는가?
- 기록하기: 나의 상처 한 가지를 감사문장으로 바꿔보기
- 실천 미션: 과거 상처를 감사문장으로 다시 써보기

6주차 | 오늘을 감사로 해석하다

- 핵심 메시지: 오늘이 감사의 기회이다.
- 생각해 보기: 지금 이 순간 내가 감사할 수 있는 이유는?
- 기록하기: 오늘 하루 중 감사했던 순간 3가지 기록
- 실천 미션: 오늘 하루 중 감사했던 순간을 기록하기

7주차 | 작은 감사의 큰 기적

- 핵심 메시지: 작아 보이는 감사가 큰 변화를 만든다.
- 생각해 보기: 작아서 지나쳤던 감사거리는?
- 기록하기: 작은 것 하나를 골라 깊이 감사해 보기
- 실천 미션: 작은 친절 하나에 감사 문자 보내기

8주차) 감사는 관계를 회복시킨다

- 핵심 메시지: 감사는 사람 사이의 벽을 허문다.
- 생각해 보기: 아직 감사하지 못한 관계는 누구인가?
- 기록하기: 한 사람을 정해 감사 편지 쓰기
- 실천 미션: 가까운 사람에게 진심 어린 감사 표현하기

9주차) 감사는 믿음을 키운다

- 핵심 메시지: 감사는 하나님께 대한 신뢰를 심화시킨다.
- 생각해 보기: 믿음의 눈으로 감사한 적이 언제였는가?
- 기록하기: 믿음의 감사 고백 한 줄 쓰기
- 실천 미션: 기도 중 믿음의 감사 고백하기

10주차 | 감사는 공동체를 살린다

- 핵심 메시지: 감사는 공동체의 문화를 바꾼다.
- 생각해 보기: 감사가 넘치는 공동체는 어떤 모습인가?
- 기록하기: 우리 공동체 안에서 감사한 사람 3명 이름 쓰기
- 실천 미션: 가정·교회 공동체에 감사 카드 쓰기

11주차 | 고난 중에도 감사하라

- 핵심 메시지: 고난 중의 감사는 가장 깊은 신앙이다.
- 생각해 보기: 내가 고난 중에도 감사를 선택한 적은 있었는가?
- 기록하기: 최근 겪은 고난을 감사 기도문으로 적기
- 실천 미션: 고난의 순간을 감사 기도문으로 적기

12주차 　 감사는 삶을 바꾼다 (시상식 및 수료식)

- 핵심 메시지: 감사는 삶의 방향을 바꾸는 능력이다.
- 생각해 보기: 나는 감사를 통해 어떻게 변했는가?
- 기록하기: 감사 여정을 돌아보며 나의 변화 적기
- 실천 미션: 감사 실천을 이웃에게 나누기
- 시상식: 감사일기 최우수상, 격려상, 소감 나누기 및 전체 수료 축하기

선한 양들의 언어 12주 훈련 과정
생명의 언어로 사람을 살리는 여정

주차	주제	핵심 메시지
1주	나는 누구의 음성을 따르고 있는가?	'양의 언어'는 정체성에서 시작된다.
2주	말, 나를 드러내는 거울	내 말 속에 무엇이 담겨 있는가?
3주	생명의 언어, 목자의 마음을 담다	하나님의 음성은 살리는 말로 들린다.
4주	가정에서 피어나는 말의 꽃	가정은 '선한 양의 언어'가 시작되는 첫 자리이다.
5주	감정이 요동칠 때, 말은 어디로 향하는가?	분노 속에도 생명의 언어는 선택될 수 있다.
6주	실수와 상처를 덮는 말	정죄보다 은혜, 판단보다 품는 언어를 배우자.
7주	직장에서 빛이 되는 말	말 한마디가 분위기를 바꾼다.
8주	교회 공동체에서의 언어 훈련	불평이 아닌 격려, 비교가 아닌 축복의 언어로!
9주	복음이 담긴 말	일상 속 복음을 전하는 '살리는 언어'
10주	침묵해야 할 때, 말해야 할 때	말의 시기와 침묵의 지혜를 배우는 시간
11주	한 사람을 일으킨 말 한마디	실제 간증 속에서 '선한 양의 언어'의 위력을 보다
12주	나는 이제 어떤 말을 전할 것인가?	파송 예배: 생명의 언어로 세상을 꽃피우는 사람으로

오늘 실천할 생명의 언어 한마디

"고마워요."

"수고했어요."

"당신이 있어서 든든해요."

"하나님께서 당신을 사랑하십니다."

"당신은 참 소중한 사람이에요."

선한 양들을 위한 매일 기도문

주님,

오늘 제 입술을 통해 생명의 언어가 흘러가게 하소서.

나의 한마디가 누군가의 마음에 씨앗이 되고

작은 기적이 시작되는 통로가 되게 하소서.

예수님의 이름으로 기도합니다.

아멘.

아내의 하루 마중말 7일 실천 카드

요일	마중말 한마디	실천 행동
월요일	"오늘도 힘내요."	출근하는 배우자에게 손을 잡아주며 말하기
화요일	"오늘 하루도 애썼어요."	퇴근 후 문 앞에서 반갑게 맞이하기
수요일	"정말 잘했어요."	배우자의 작은 수고도 칭찬해 주기
목요일	"함께 있어서 참 든든해요."	식사 중 따뜻한 눈빛과 함께 전하기
금요일	"당신을 응원해요."	문자 한 통으로 마음 표현하기
토요일	"당신은 멋진 사람이에요."	자녀나 배우자 앞에서 남편의 잘한 점 칭찬 해주기
주일	"오늘 함께 예배 드릴 수 있어서 행복했어요."	예배 후 손잡고 말해 주기

남편의 하루 마중말 7일 실천 카드

요일	마중말 한마디	실천 행동
월요일	"오늘도 좋은 하루!"	출근하며 아내에게 손 흔들며 인사하기
화요일	"집안 일 하느라 애썼어요!"	퇴근 후 집에 들어오며
수요일	"이야! 오늘 찌개 맛이 끝내주는데!"	저녁 식탁에서 아내의 솜씨 칭찬하기
목요일	"우리 아이가 잘 커주는 건 모두 당신 덕이야!"	아내의 힘든 육아 격려하기
금요일	"여보! 사랑해! 내일은 함께 시간 보내요."	짬을 이용해서 문자 메시지 보내기
토요일	"오늘은 산책하고 카페에서 커피나 한 잔 할까?"	쉬는 주말 아내와 나들이 하기
주일	"오늘 함께 예배 드려서 주님도 기뻐하실거야!"	예배 후 손잡고 말해 주기

자녀를 위한 30일 언어 실천표

"하루 한마디, 가정이 변화합니다."

"고마워. 괜찮아. 애썼어. 잘했어. 잘될 거야. 힘내."

위 예시 중에서 한마디를 골라 자녀에게 해 준 후 아래 표에 기록합니다.

날짜	오늘 사용한 문장	문장을 사용한 상황
1일		
2일		
3일		
4일		
5일		
6일		
7일		

날짜	오늘 사용한 문장	문장을 사용한 상황
8일		
9일		
10일		
11일		
12일		
13일		
14일		
15일		
16일		
17일		
18일		
19일		

날짜	오늘 사용한 문장	문장을 사용한 상황
20일		
21일		
22일		
23일		
24일		
25일		
26일		
27일		
28일		
29일		
30일		

자녀 축복문 1주차

말씀에 근거한 믿음의 선포

요일	축복문 예시	실천 체크
월요일	"너는 반드시 잘될 거야. 하나님이 너를 통해 크고 놀라운 일을 이루실 거야." (렘 33:3)	
화요일	"너는 머리가 되고 꼬리가 되지 않을 거야. 하나님이 너를 높이실 거야." (신 28:13)	
수요일	"너는 그리스도 안에서 새로운 피조물이야. 이전 것은 지나갔고 새 것이 되었단다." (고후 5:17)	
목요일	"너는 세상의 빛이야. 하나님이 너를 통해 세상을 비추실 거야." (마 5:14)	
금요일	"너는 복의 통로야. 네가 가는 곳마다 하나님의 축복이 흐를 거야." (창 12:2)	
토요일	"하나님은 너를 위하여 큰 계획을 세우셨어. 미래와 소망을 주실 분이셔." (렘 29:11)	
주일	"너는 왕 같은 제사장이야. 하나님 나라의 귀한 사명자란다." (벧전 2:9)	
메시지	매일 아침 또는 저녁, 자녀의 눈을 바라보며 손을 얹고 이 축복을 선포해 주세요. 작은 말이 자녀의 영혼에 큰 울림을 남깁니다.	

자녀 축복문 2주차

말씀에 근거한 믿음의 선포

요일	축복문 예시	실천 체크
월요일	"너는 하나님의 걸작품이야. 주께서 너를 통해 선한 일을 예비하셨단다." (엡 2:10)	
화요일	"하나님이 너를 세우신 이유가 반드시 드러날 거야. 너는 시대의 빛이 될 사람이야." (사 60:1)	
수요일	"너는 어떤 상황에서도 넉넉히 이기는 자야. 하나님이 항상 너와 함께하시거든." (롬 8:37)	
목요일	"너는 위에서 난 자로서 이 세상을 능히 이겨낼 수 있어. 하나님이 너를 지키실 거야." (요일 5:4)	
금요일	"하나님이 네 입술에 지혜를 주시고, 너는 그 말씀으로 사람들을 살리는 자가 될 거야." (잠 10:11)	
토요일	"너는 반드시 하나님의 나라를 위해 준비된 도구야. 그분의 뜻을 이루는 일에 귀하게 쓰임받을 거야." (딤후 2:21)	
주일	"너는 복음의 통로야. 오늘도 말씀 안에 견고히 서서 빛을 발할 사람이야." (마 5:16)	
메시지	매일 아침 또는 저녁, 자녀의 눈을 바라보며 손을 얹고 이 축복을 선포해 주세요. 작은 말이 자녀의 영혼에 큰 울림을 남깁니다.	

자녀 축복문 3주차

말씀에 근거한 믿음의 선포

요일	축복문 예시	실천 체크
월요일	"너는 민족을 일으킬 자야. 하나님이 너를 통해 새로운 세대를 이끌게 하실 거야."(사 61:4)	
화요일	"하나님은 네가 기도할 때 응답하시고, 너는 열방을 위한 중보자가 될 거야."(렘 33:3)	
수요일	"너는 담대한 사람으로 지음 받았어. 두려움이 아닌 사랑과 절제하는 마음으로 살아갈 거야."(딤후 1:7)	
목요일	"너는 주 안에서 날마다 새롭게 될 거야. 성령의 능력으로 말과 행동이 달라질 거야."(고후 4:16)	
금요일	"너는 장차 많은 사람들을 일으키는 자가 될 거야. 주의 손이 너와 함께 하시기 때문이야."(행 11:21)	
토요일	"하나님은 너를 정결케 하시고, 네 안에 새 마음과 새 영을 부어주실 거야."(겔 36:26)	
주일	"너는 하나님 나라의 대사야. 말씀과 삶으로 하나님을 드러낼 자로 부름받았단다."(고후 5:20)	
메시지	매일 아침 또는 저녁, 자녀의 눈을 바라보며 손을 얹고 이 축복을 선포해 주세요. 작은 말이 자녀의 영혼에 큰 울림을 남깁니다.	

자녀 축복문 4주차

말씀에 근거한 믿음의 선포

요일	축복문 예시	실천 체크
월요일	"너는 반드시 하나님의 영광을 위해 세움을 받을 거야. 그분의 빛이 네게 임하실 거야." (사 60:1-2)	
화요일	"너는 어려움 가운데에서도 의연히 일어날 자야. 주께서 너를 붙드시기 때문이야." (시 37:24)	
수요일	"너는 하나님의 뜻을 행하는 자로서 반드시 열매 맺는 삶을 살게 될 거야." (요 15:5)	
목요일	"하나님은 너를 큰 민족의 리더로 세우실 수 있어. 넌 말씀에 순종하는 자니까." (창 18:18-19)	
금요일	"너는 하나님 안에서 복을 받은 자야. 너를 보는 이마다 주의 은혜를 보게 될 거야." (민 6:24-26)	
토요일	"하나님의 지혜가 너를 통해 흐를 거야. 너는 세상의 문제를 푸는 자로 쓰임받을 거야." (약 1:5)	
주일	"너는 하나님의 성전을 섬기는 자야. 예배와 말씀 안에서 견고하게 설 거야." (시 84:10)	
메시지	매일 아침 또는 저녁, 자녀의 눈을 바라보며 손을 얹고 이 축복을 선포해 주세요. 작은 말이 자녀의 영혼에 큰 울림을 남깁니다.